競馬　伝説の名勝負　2005-2009　ゼロ年代後半戦

小川隆行＋ウマフリ

JN053001

星海社

202

SEIKAISHA SHINSHO

はじめに

インターネットの普及により、エンターテイメントそのものの在り方が変化していったゼロ年代後半。個人が、掲示板やブログで自らの声を気軽に発信できる時代が到来した。当然、競馬の楽しみ方も大きな転換期を迎える。インターネットで情報を集めることも容易くなり、予想でも膨大なデータを扱ったものが登場するようになった。

しかし競馬の本質的な魅力は、大きくは変わらない。

2005年、ディープインパクト、三冠達成。

不世出の名馬の登場に、世間は大いに酔いしれ、熱狂した。

名馬が人気に応えた時。伏兵が大物を撃破した時。人々は何を思い、何を語り合ったのか。

さらにはカネヒキリ、ヴァーミリアン、フリオーソらが君臨するダート界に熱中し、ウオッカ、ダイワスカーレット、ブエナビスタら歴史的名牝の登場に心を奪われた煌びやかな時代。ゼロ年代後半の競馬界を、共に振り返ろう。

緒方きしん

目次

本書における競走馬の年齢表記は、特に断りがない限り、その時代の表記としています。各馬のデータは2021年9月末日現在のものです。

写真　フォトチェスナット、日刊スポーツ新聞社

第1章 飛ぶように走った無敗三冠馬 ２００５年

2005

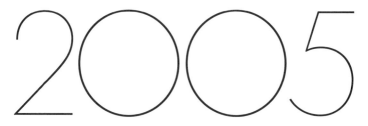

2000年
有馬記念

ハーツクライ

ディープインパクトが負けた日
世界レベルのグランプリ

大川慶次郎氏*は、予想ファクターに展開を持ち込んだといわれる。これはレースがスローなのかハイペースなのかを推理することで、レースの流れを読み、有利な馬、不利な馬をあぶり出すという画期的なものだった。競馬には必ず流れがある。先手を奪いたい馬が複数いるレースといないレースでは有利なポジションは大きく異なる。展開予想は今ではみんなそれぞれが考える。いわば常識といっていい。

競馬はなにが起こるかわからない。自信の展開予想も逃げ馬が出遅れれば、その時点で崩れゆく。控えると考えていた馬が折り合いを欠きながら先行集団にいたとき、自分の浅はかさに天を仰ぎたくなる。なにが起こるかわからないからこそ、なにかが起きる。そして競馬でなにかを起こせるとすれば、それは先行馬であるといわれる。競馬に流れがある以上、流れを支配できる者が勝者に近づく。先行馬にはレースの支配者になりうる可能性がある。流れを味方につけられるのは差し馬ではなく、先行馬なのだ。

＊**大川慶次郎**　パーフェクト予想を４回達成、「競馬の神様」と称された競馬評論家。明治時代の実業家・渋沢栄一のひ孫

2005年の競馬界は一頭の英雄一色に染まっていた。その名は、ディープインパクト。シンボリルドルフ以来2頭目の無敗の三冠馬である。どのレースも序盤は後方を進み、最後の直線で飛ぶようなフットワークで前にいる馬をすべてかわす、馬名の通り衝撃的な競馬で人々を魅了した。同世代との戦いを無敗で終えたディープインパクトがこの年、最後に出走したレースが有馬記念だった。ファン投票は16万票を獲得、単勝オッズ1・3倍、この年のフィナーレはだれもがディープインパクトがしめるものだと信じていた。

しかし、最後の直線、いつものように末脚を伸ばしたディープインパクトの前にはハーツクライがいた。これまでのディープインパクトのレースでは止まってみえるはずの先行馬が止まらない。ハーツクライはディープインパクトが経験したことのない力で抵抗し、ゴール板で見事に封じ込めてしまった。ファンは一瞬、金縛りにでも遭ったかのように自失した。負けるはずがない英雄の敗戦を受け入れるためには時間が必要だったのだ。まして差し馬ハーツクライが先行していたこと自体が信じられなかった。

ハーツクライの勝利には伏線があった。ハーツクライは日本ダービー4コーナー17番手から2着など、ディープインパクトのひとつ上の世代を代表する末脚自慢だった。だが、日本ダービーでキングカメハメハに及ばなかったように、後方から追い込むも一歩及ばず2着、これがGⅠで3度もあり、無冠のまま4歳秋を迎えていた。陣営は秋シーズンを短期免許*で

＊短期免許　JRAに所属していない外国人騎手に1カ月単位で交付する免許制度

来日したクリストフ・ルメール騎手に委ねた。緒戦の天皇賞・秋はスローペースも手伝い、いつもより前の中団から末脚を繰り出すも6着。続くジャパンCでルメール騎手は前走を踏まえ、タップダンスシチーが作るペースを読み、ハーツクライが得意とする後方待機策に戻した。ただし、これまでの大外強襲ではなく、距離ロスを減らすべく、4コーナーでインを突き、馬群に突っ込みながら追い込んでみせた。ゴール前では先頭に立つアルカセットをはるかに凌ぐ脚色で迫るも2着。この競馬でルメール騎手は確信したにちがいない。ハーツクライは馬群に入っても最後まで末脚を使えると。

そして有馬記念。もはや相手はディープインパクト一頭。この馬を負かさないことには勝利はない。ルメール騎手は戦略を練った。舞台は中山芝2500m、ディープインパクトの末脚に対抗するためにハーツクライにどんな競馬をさせればいいのか。

3コーナー手前のゲートを出たハーツクライは、後方に下がらず、好位にとりつく。ルメール騎手の選択は積極策。天皇賞・秋、ジャパンCから導き出したディープインパクトを負かすための秘策だった。追い込みが定位置のハーツクライが正面スタンド前を3番手で駆け抜ける。16万人を超える観衆でむせかえるスタンドがこの違和感にざわつく。それでもディープインパクトが4コーナーで先行集団の真後ろにやってきたときには、これぞディープと大歓声。しかし、ルメール騎手はディープインパクトが外から追いあげる、この瞬間を待っていた。ここしかないというタイミングでハーツクライにゴーサインを送り、先頭に立つ。ディープなら届く、届くよね、届くでしょ、届いてくれ。いや、届かない——。

大観衆の絶叫が、たった310mの中山の直線で激しく交錯する。これまでのレースとは違い、先に抜け出したハーツクライとの差を詰められないディープインパクトは、最後は脚色が同じになってしまい、はじめて前にいた馬を取り逃がした。競馬ではペースを支配すれば、不可能を可能にできる。これをあまりに鮮やかに証明したレースだった。

ハーツクライとルメール騎手があげた大金星はフロックでもなんでもなく、実力だったことを我々は翌年に知らされる。3月ドバイシーマクラシックでは欧州年度代表馬のウィジャボードらを相手に先行してノーステッキで4馬身差圧勝。7月、英国へ渡り、欧州中距離路線の最高峰であるキングジョージ6世&クイーンエリザベスS3着。ハーツクライは世界を席巻した。

デビューから圧倒的な強さで魅了したディープインパクト、4歳秋に秘めていた能力を爆発させたハーツクライ。有馬記念は世界に通用する2頭の成長曲線が交差したレースだった。ハーツクライは古馬になって覚醒する。この言葉はのちにシュヴァルグランやリスグラシューなどの産駒たちに受け継がれる。

（勝木淳）

人馬ともステップアップにつながる貴重な勝利。無敗馬ディープをわずかに退けた。

母アイリッシュダンスは新潟記念など JRA9 勝。デビュー時から期待された素質馬だったが、クラシックは皐月賞 14 着、日本ダービー2 着、菊花賞 7 着。日本ダービーで見せた末脚から秘める能力を証明するも、追い込み一辺倒の競馬のため展開に泣き、前にいる馬を捕えきれない。4 歳春もスイープトウショウが勝った宝塚記念 2 着など歯がゆい競馬が続いた。しかし、4 歳秋の終わりに覚醒。これまでのイメージを覆す先行策で頂点へ。産駒もリスグラシューのように父に似た成長曲線を描き、古馬になって強くなる馬が多い。21 年、種牡馬引退が発表された。

ハーツクライ

性別 牡

毛色 鹿毛

生誕 2001年4月15日〜

父 サンデーサイレンス

母 アイリッシュダンス（母父・トニービン）

調教師 橋口弘次郎（栗東）

生涯成績 5-4-3-7

獲得賞金 9億2536万円

勝ち鞍 有馬記念　ドバイシーマクラシック　京都新聞杯

第50回有馬記念（GI）
芝右2500m　晴　良　2005年12月25日　9R

着順	枠番	馬番	馬名	性齢	斤量	騎手	タイム	着差	人気
1	5	10	ハーツクライ	牡4	57	C.ルメール	2:31.9		4
2	3	6	ディープインパクト	牡3	55	武豊	2:32.0	1/2	1
3	7	14	リンカーン	牡5	57	横山典弘	2:32.2	1.1/4	6
4	2	4	コスモバルク	牡4	57	五十嵐冬樹	2:32.4	1.1/4	10
5	7	13	コイントス	牡7	57	北村宏司	2:32.5	1/2	16
6	4	7	ヘヴンリーロマンス	牝5	55	松永幹夫	2:32.5	クビ	8
7	1	2	サンライズペガサス	牡7	57	田中勝春	2:32.7	1.1/4	9
8	2	3	ゼンノロブロイ	牡5	57	K.デザーモ	2:32.8	クビ	2
9	4	8	グラスボンバー	牡5	57	勝浦正樹	2:32.9	1/2	11
10	3	5	スズカマンボ	牡4	57	安藤勝己	2:32.9	クビ	7
11	8	15	デルタブルース	牡4	57	O.ペリエ	2:33.0	3/4	3
12	5	9	タップダンスシチー	牡8	57	佐藤哲三	2:33.3	1.3/4	5
13	6	12	ビッグゴールド	牡7	57	柴田善臣	2:33.6	2	14
14	6	11	オペラシチー	牡4	57	中舘英二	2:33.7	クビ	13
15	8	16	オースミハルカ	牝5	55	川島信二	2:33.8	1/2	12
16	1	1	マイソールサウンド	牡6	57	本田優	2:34.3	3	15

第50回有馬記念（GI）

芝2500m
2005年12月25日（日）
中山9R

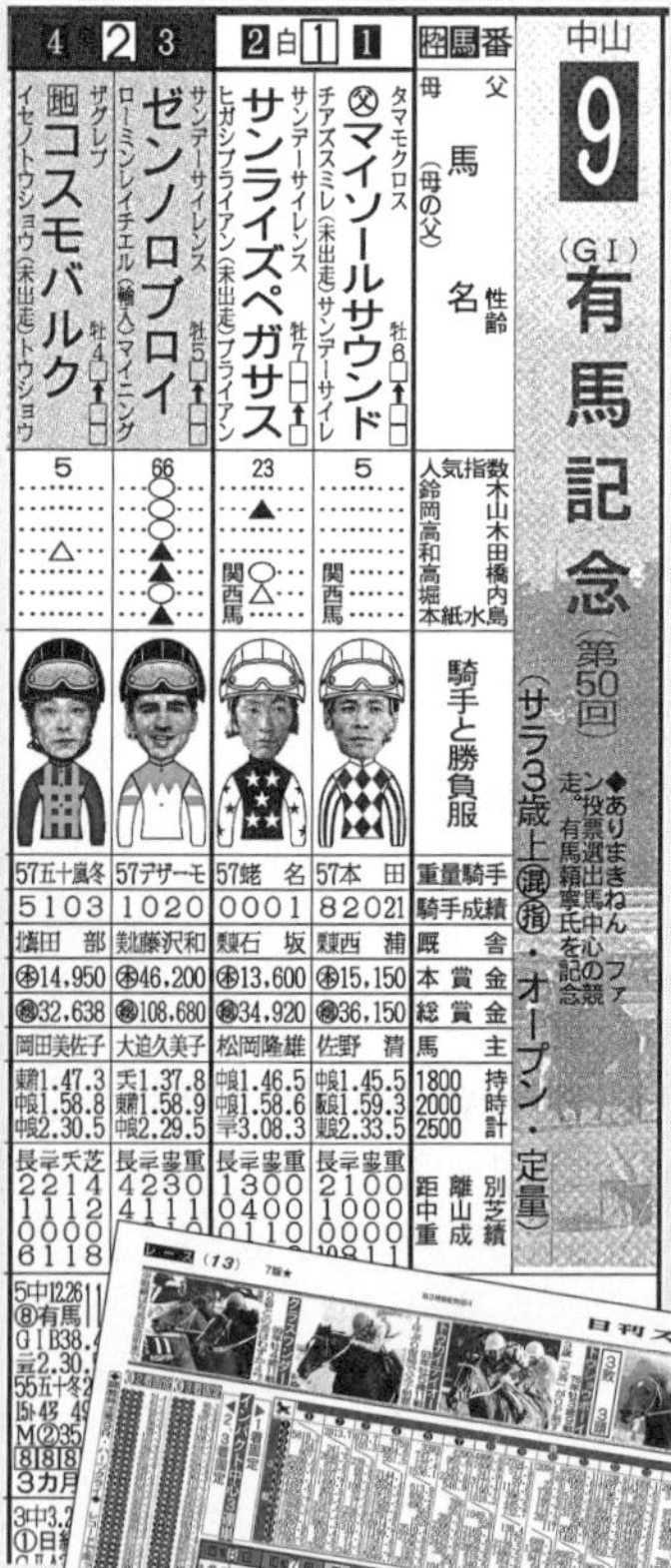

中山 9 （GI）有馬記念（第50回）
（サラ3歳上（混）（指）・オープン・定量）
◆ありまねんファン投票選出馬中心の競走。有馬頼寧氏を記念

枠馬番	1 1	2 白	2 3	4
父	タマモクロス	サンデーサイレンス	サンデーサイレンス	ザグレブ
馬名 性齢	マイソールサウンド 牡6	サンライズペガサス 牡7	ゼンノロブロイ 牡5	コスモバルク 牡4
母（母の父）	チアズスミレ（未出走）サンデーサイレ	ヒガシブライアン（未出走）ブライアン	ローミンレイチェル（輸入）マイニング	イセノトウショウ（未出走）トウショウ
指数	5	23	66	5
重量騎手	57本田	57蛯名	57デザーモ	57五十嵐冬
騎手成績	82021	0001	1020	5103
厩舎	西浦	石坂	藤沢和	田部
本賞金	15,150	13,600	46,200	14,950
総賞金	36,150	34,920	108,680	32,638
馬主	佐野清	松岡隆雄	大迫久美子	岡田美佐子
持時計 1800	1.45.5	1.46.5	1.37.8	1.47.3
持時計 2000	1.59.3	1.58.6	1.58.9	1.58.8
持時計 2500	2.33.5	3.08.3	2.29.5	2.30.5

日刊スポーツ 2005年（平成17年）12月25日 日曜日

今日午後3時25分発走 有馬記念は9Rです!!

インパクト

衝撃の05は当然 無敗締め

武、池江師は泰然

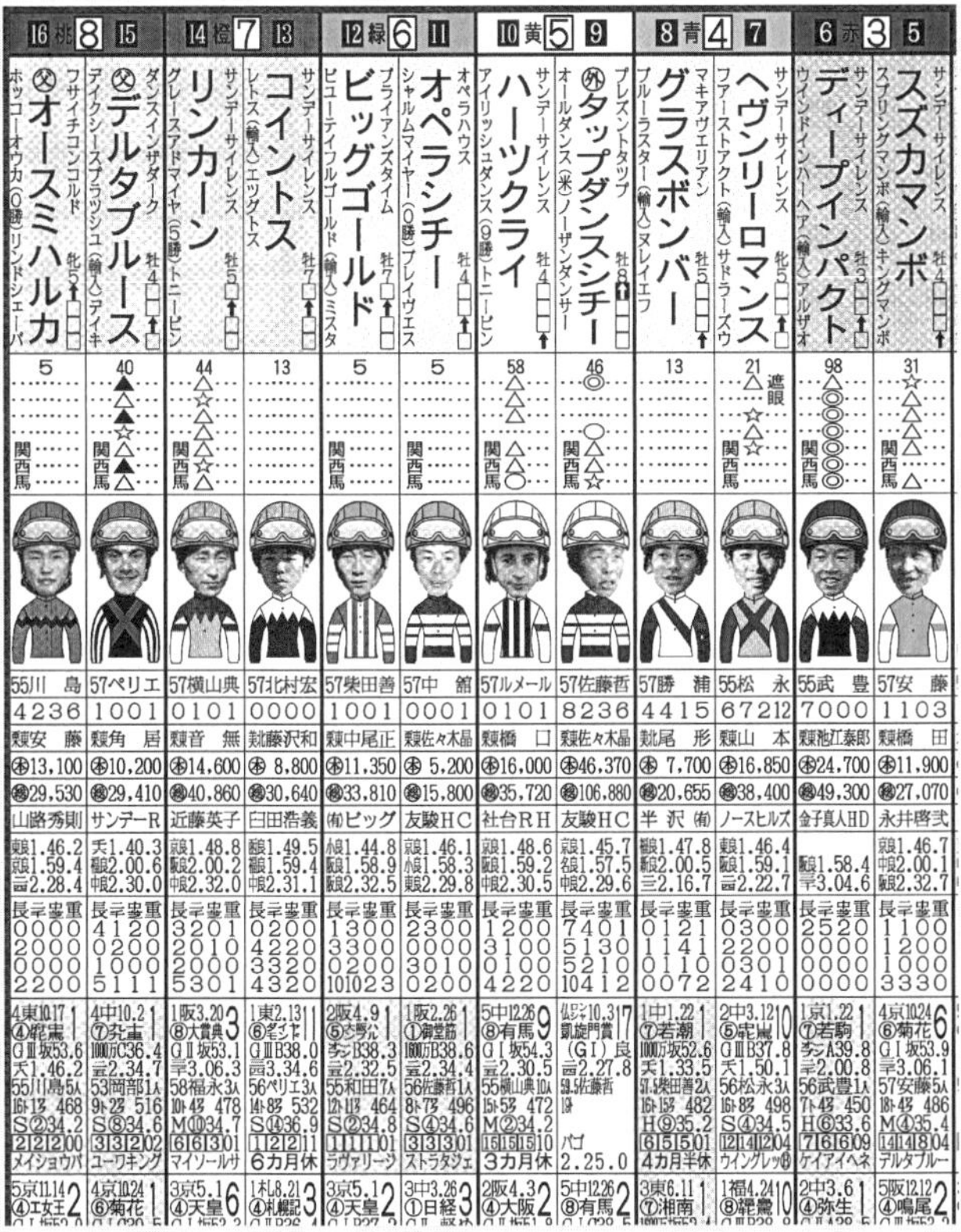

16 桃8	15 桃8	14 橙7	13 橙7	12 緑6	11 緑6	10 黄5	9 黄5	8 青4	7 青4	6 赤3	5 赤3
フサイチコンコルド	ダンスインザダーク	サンデーサイレンス	サンデーサイレンス	ブライアンズタイム	オペラハウス	サンデーサイレンス	プレズントタップ	マキアヴェリアン	サンデーサイレンス	サンデーサイレンス	サンデーサイレンス
㊫オースミハルカ	㊫デルタブルース	リンカーン	コイントス	ビッグゴールド	オペラシチー	ハーツクライ	㊕タップダンスシチー	グラスボンバー	ヘヴンリーロマンス	ディープインパクト	スズカマンボ
ホッコーオウカ（0勝）リンドシェーバ	ディクシースプラッシュ（輸入）ディキ	グレースアドマイヤ（5勝）トニービン	レトス（輸入）エッグトス	ビューティフルゴールド（輸入）ミスタ	シャルムマイヤー（0勝）ブレイヴエス	アイリッシュダンス（9勝）トニービン	オールダンス（米）ノーザンダンサー	ブルーラスター（輸入）ヌレイエフ	ファーストアクト（輸入）サドラーズウ	ウインドインハーヘア（輸入）アルザオ	スプリングマンボ（輸入）キングマンボ
牝5	牡4	牡5	牡7	牡7	牡4	牡4	牡8	牡5	牝5	牡3	牡4
5	40	44	13	5	5	58	46	13	21	98	31
55川島	57ペリエ	57横山典	57北村宏	57柴田善	57中舘	57ルメール	57佐藤哲	57勝浦	55松永	55武豊	57安藤
4236	1001	0101	0000	1001	0001	0101	8236	4415	67212	7000	1103
栗東安藤	栗東角居	栗東音無	美浦藤沢和	栗東中尾正	栗東佐々木晶	栗東橋口	栗東佐々木晶	美浦尾形	栗東山本	栗東池江泰郎	栗東橋田
本13,100	本10,200	本14,600	本 8,800	本11,350	本 5,200	本16,000	本46,370	本 7,700	本16,850	本24,700	本11,900
総29,530	総29,410	総40,860	総30,640	総33,810	総15,800	総35,720	総106,880	総20,655	総38,400	総49,300	総27,070
山路秀則	サンデーR	近藤英子	臼田浩義	(有)ビッグ	友駿HC	社台RH	友駿HC	半沢(有)	ノースヒルズ	金子真人HD	永井啓弐

日刊スポーツ新聞社

無敗の三冠馬が参戦、お祭りムードの一戦に

ここまで無敗のディープインパクトが古馬と初対決。印もズラリと◎が並ぶ楽勝ムードだった。武豊騎手や池江調教師からも、古馬との対決に強気のコメントが飛び出るほど。紙面でも、すでに翌年の海外遠征にまで言及されっていた。一方のハーツクライはデキの良さが強調されつつも、中山競馬場への不安視から3～4番手評価。ディープ以外で唯一◎がついていた8歳のタップダンスシチーはこれがラストランで、結果は12着。

2005年
オークス

シーザリオ

語り継がれる、驚異の末脚
未来へと続く開演の合図

シェイクスピアの傑作恋愛喜劇『十二夜』は、男装した主人公が仕える公爵に恋心を抱くも、その公爵は別の令嬢を慕い、主人公にその気持ちを伝えるように命じ、その令嬢は使者としてやってきた主人公を男性と思い込み、ひと目ぼれしてしまうというラブコメディーだ。性別の交換や巡り合う恋心、三角関係の切なさとおかしさといったプロットは、その後、現代に至るまであらゆるラブストーリーに影響を与えた。その初演は1601年。関ヶ原合戦の1年後にはラブコメの基礎はイギリスで生まれ、400年以上経ったいまも受け継がれる。

『十二夜』の主人公ヴァイオラが、男装して名乗った名前シザーリオを馬名由来に持つシーザリオは、生まれつき脚元に不安を抱え、たった6戦しかできなかった。だがその戦績は5勝2着1回の準パーフェクト。GI・2勝は日米オークスだからスケールが違う。無事であればという想像をかき立てる、伝説の牝馬である。

シーザリオは2歳12月にデビュー、そこから昇級しながら無傷の3連勝で桜花賞に進んだ。

当然ながら主役で挑んだシーザリオだったが、デビュー以来のパートナーだった福永祐一騎手が騎乗したラインクラフトにアタマ差届かず2着と初黒星を喫する。だが、このときラインクラフトを追い詰めた末脚は、距離が延び、直線が長い東京で行われるオークスだったらという想像力をかきたてた。さらにラインクラフトが牡馬相手にNHKマイルCを勝利したため、シーザリオの評価はさらに高まった。オークスでの最終オッズは1・5倍。それは期待を超え、確信に近かった。手綱をとったのは主戦の福永騎手。役者はそろっていた。

舞台は3歳牝馬にとって経験がない東京芝2400m。当然ながら序盤はゆったりと入る。内枠に入ったシーザリオは、スタート直後のスタンド前で隣にいた2番人気エアメサイアに進路を消される。ごちゃつきを避けるように一旦、後ろに下げ、1コーナーを15番手で回る。シーザリオの武器である末脚を温存する作戦を選んだ。だが、前進気勢に満ちたシーザリオは闘争心を燃やし、前の馬を追いかけようとする。馬群に入れ、手綱を引いてコントロールする福永騎手。シーザリオとの会話はどんな感じだっただろうか。

逃げるエイシンテンダーが演出する流れは前半1000m通過1分3秒1。後半も13秒台が2度も刻まれる超スローペースだ。馬群は一団のまま、最後の直線を迎える。

シーザリオは12番手で最終コーナーを回る。福永騎手が外に進路を選んだその時だった。前にいたエアメサイアが外に出て、背後にいたディアデラノビアがあおりを受け、末脚を爆発させんとするシーザリオの前に入ってしまう。その瞬間、カメラは先頭争いに切り替わり、シーザリオは映像から消える。しかし、画面がスイッチした次の瞬間にはシーザリオは馬群の外を突き抜けていた。勝負所で進路をカットされたことで、必要以上にたまった末脚は鋭さを超え、恐ろしささえ感じるものだった。先にいたエアメサイア、ディアデラノビア、エイシンテンダーを一気に飲み込む。シーザリオの底知れなさを感じた瞬間だった。

その末脚、上がり3ハロン33秒3は当時、オークス史上最速。3歳牝馬にとって極限に近い舞台で行われるオークスで、上がり3ハロン33秒5を切って勝利したのはシーザリオを含め、たった3頭。残る2頭は18年アーモンドアイ（33秒2）、20年デアリングタクト（33秒1）、いずれも牝馬三冠を達成した。またオークスで2着に退けたエアメサイアはその後、秋華賞を勝利。唯一後塵を拝したラインクラフトも合わせ、シーザリオの凄みを証明する。

3歳の夏にアメリカへ渡ったシーザリオは、前年ダンスインザムードが挑戦したアメリカンオークスに出走。3コーナーで先頭に立ち、最後の直線はひとり舞台。興奮した現地の実況アナウンサーに「ジャパニーズ・スーパースター・シーザリオ！」と絶叫させた。

だが、日米オークスを制したシーザリオの脚は限界を迎えてしまう。じん帯を2度痛めたために引退。繁殖牝馬にあがる。しかし、それは第二幕の幕開けだった。

シーザリオの3番仔エピファネイアは、『十二夜』のタイトル由来であるクリスマスから12

日後に行われる公現祭から命名。母が凄みを発揮した東京芝2400mのジャパンCなどGⅠ・2勝をあげ、種牡馬入り。デアリングタクト、エフフォーリアと2年連続でクラシックホースを輩出した。さらに6番仔リオンディーズは朝日杯FSを勝ち、種牡馬に。そして9番仔は、エピファネイアの由来にあたる公現祭の基礎になった古代ローマの祝祭からつけられたサートゥルナーリア。4連勝で皐月賞を勝つというポテンシャルの高さを示し、種牡馬になった。シーザリオは生涯で12頭を出産し、なんと3頭の種牡馬を送り出した。牝馬はエピファネイアの全妹ロザリンド（シェイクスピア作『お気に召すまま』の主人公の名前）がGⅡ2勝のオーソリティを送った。孫にあたるデアリングタクトやエフフォーリアからシーザリオの系統はさらに枝葉を広げるだろう。いったい、どれほどの大樹になるのか、いまだ想像できない。

シーザリオの名は、自身の母の父サドラーズウェルズのように血統表に末永く刻まれるだろう。『十二夜』が400年以上にわたり、恋愛喜劇の基礎としてプロットを受け継がれるように、シーザリオの血は日本競馬の未来を担い、やがてその礎として語られるにちがいない。

その初演こそ、05年のオークスである。

（勝木淳）

怒濤の追い込みで初GI制覇。計ったような鞍上・福永祐一の騎乗ぶりだった。

父スペシャルウィークの2世代目の産駒。生まれつき前脚の球節が弱く、入厩は2歳11月と遅かった。初陣はその年の最終開催にあたる12月25日阪神芝1600m。無難に勝ち上がり、迎えた2戦目は1月中山の寒竹賞。アドマイヤフジやダンスインザモアといったのちの重賞勝ち馬を抑えて連勝。脚元に不安があるため、3戦目は桜花賞トライアルではなく、より間隔に余裕があるフラワーCになった。管理する角居勝彦調教師らしい、馬と相談するようなレースセレクトは印象的だった。その角居調教師が勇退する日に死亡が報じられた。

シーザリオ

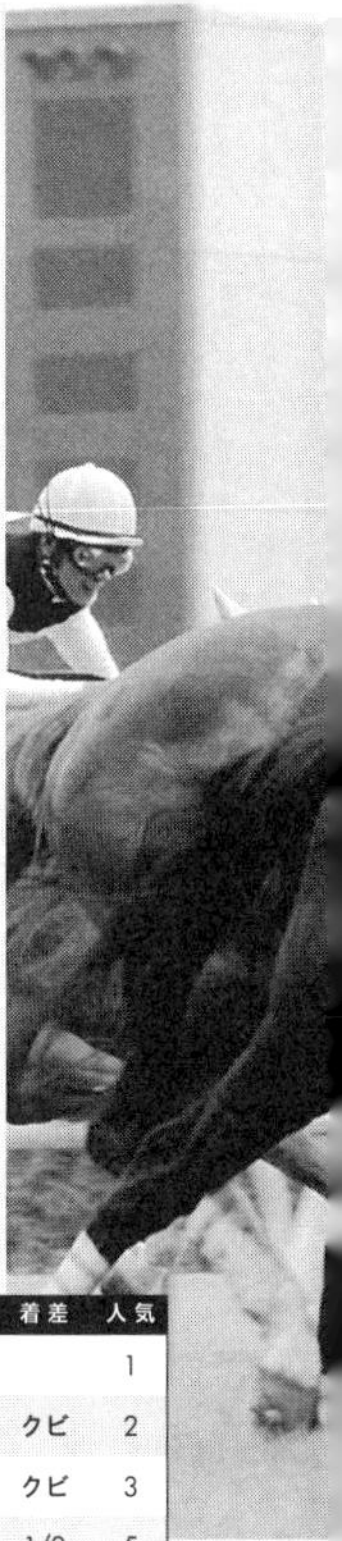

性別　牝

毛色　青毛

生誕　2002年3月31日

死没　2021年2月27日

父　スペシャルウィーク

母　キロフプリミエール（母父・Sadler's Wells）

調教師　角居勝彦（栗東）

生涯成績　5-1-0-0

獲得賞金　2億2829万円＋45万ドル

勝ち鞍　オークス　アメリカンオークス招待S　フラワーC

第66回優駿牝馬（GI）
芝左2400m　晴　良　2005年5月22日　11R

着順	枠番	馬番	馬名	性齢	斤量	騎手	タイム	着差	人気
1	2	4	シーザリオ	牝3	55	福永祐一	2:28.8		1
2	3	5	エアメサイア	牝3	55	武豊	2:28.8	クビ	2
3	5	9	ディアデラノビア	牝3	55	K.デザーモ	2:28.9	クビ	3
4	6	11	エイシンテンダー	牝3	55	武幸四郎	2:29.0	1/2	5
5	1	2	ブリトン	牝3	55	田中勝春	2:29.3	1.3/4	12
6	8	18	ジェダイト	牝3	55	藤田伸二	2:29.4	3/4	10
7	8	17	ショウナンパントル	牝3	55	吉田豊	2:29.4	クビ	9
8	3	6	アドマイヤメガミ	牝3	55	池添謙一	2:29.5	クビ	7
9	4	7	レースパイロット	牝3	55	蛯名正義	2:29.6	1/2	4
10	2	3	コスモマーベラス	牝3	55	柴山雄一	2:29.8	1.1/4	14
11	8	16	ビッグフラワー	牝3	55	北村宏司	2:29.8	クビ	13
12	5	10	ライラプス	牝3	55	後藤浩輝	2:29.8	ハナ	8
13	7	14	ジョウノビクトリア	牝3	55	横山典弘	2:30.0	1.1/4	6
14	1	1	エリモファイナル	牝3	55	内田博幸	2:30.1	クビ	11
15	4	8	アスピリンスノー	牝3	55	小野次郎	2:30.2	3/4	15
16	7	15	ヤマニンアリエル	牝3	55	柴田善臣	2:30.4	1.1/2	16
17	7	13	ランタナ	牝3	55	江田照男	2:30.7	2	17
18	6	12	ピューマカフェ	牝3	55	須貝尚介	2:32.0	8	18

2005年
秋華賞

エアメサイア

母の悲願を叶えた孝行娘
名手と名伯楽を照らした秋の輝き

エアメサイアが勝った2005年の秋華賞を語りたい。

ただ、その前にエアメサイアの母である、エアデジャヴーを知ってもらわねばなるまい。エアデジャヴーはダービーをハナ差で逃した準三冠馬エアシャカールの2歳姉にあたる。もっともエアシャカールのデビュー前でもあり、そこまで話題になっていた馬ではなかったと記憶している。既にサンデーサイレンスが猛威を振るい始めた後でもあり、ノーザンテースト産駒というのは少し流行遅れというか地味っぽい印象だった。

が、このエアデジャヴー、かなりの素質馬だった。能力の高さを最初にファンに知らしめたのは桜花賞。前走のクイーンCで2着。実績らしい実績はそれしかなかったため9番人気での出走だったが直線は4角後方から勝ち馬のファレノプシスを追うようにして3着。オークスではその末脚が東京向きと判断されて2番人気となり、桜花賞同様に猛然と追い込んだがエリモエクセル的場均騎手の好騎乗に阻まれ2着。秋は当時4歳（旧表記）限定だったクイーンSを勝って秋華賞へ臨むが3着。つまり能力は高く、ポテンシャルは見せながらも牝馬三冠は3着、2着、3着。以後は精彩を欠き、引退。勝ったレースは新馬戦とクイーンSだけ。2着5回、3着2回。詰めの甘さをこれでもかというほど詰め込んだような牝馬だった。

そのエアデジャヴーの2番仔がエアメサイアである。全兄のエアシェイディも古馬になって重賞を勝ったが、その活躍を見るまでもなく、エアメサイアはデビュー前から大変注目されていた。母は勝てないまでもクラシックで活躍したエアデジャヴー、父は既に大種牡馬となったサンデーサイレンス、調教師はそのエアデジャヴーを管理した伊藤正徳の義兄である名トレーナー伊藤雄二。そして鞍上は武豊。どのPOG（ペーパーオーナーゲーム）本を開いても大きく取り上げられ、走る要素を集めに集めたかのような存在だった。実際デビュー戦の単勝オッズは1・4倍。これに応えて初戦は突破したが、ここからちょっと趣きが変わってくる。続く白梅賞は2番人気で2着。エルフィンSはまたも2番人気だったが1着。以後フィリーズレビューが3番人気3着、桜花賞は3番人気4着、オークスは2番人気で2着だった。この詰めの甘さは、まさに母エアデジャヴーをなぞるような成績。メジロライアンとメジロブライトの父仔と同じく、戦績や詰めの甘さまで遺伝することはなかろうにとも思うのだがこればかりは仕方ない。

そしてもうひとつ気づくことがある。エリートの塊のようなエアメサイアが新馬以降、ここまで一度も1番人気になれなかったのだ。理由は2つ。ひとつは世代が強すぎた。桜花賞馬は次走でNHKマイルCも連勝したラインクラフト。オークスはその桜花賞2着で次走アメリカンオークスを勝ち、後に名繁殖牝馬となるシーザリオ。同世代がはっきり強かった。

2つめは新時代の予感をファンが感じていたということ。ラインクラフトもシーザリオも福永騎手のお手馬だった。またシーザリオは角居勝彦厩舎の所属。そして白梅賞でエアメサイアを下し、オークス3着のディアデラノビアも角居厩舎だった。どこかファンも武豊ブランド、伊藤雄二ブランドはもう違う、と感じていたのではないだろうか。ともあれエアメサイアは重賞勝ちすらなく、3歳春を終えた。

ここで自分の話をさせてもらう。05年秋当時、私は大学2年生だった。某大学体育会の情宣部、つまりは広報のような活動をしており、体育会の活躍を取材して学内の新聞、または大学広報紙向けに記事を書いていた。取材先である馬術部に伊藤雄二師のお孫さんであるNさんがおり、彼がある日、「これ、豊さんのやつ」と武豊騎手の携帯ストラップをくれた。

そんな出来事があってのエアメサイアである。鞍上は『ストラップの武豊騎手』。応援せずにはいられない。

3歳秋、エアメサイアは強くなっていた。ローズSでは桜花賞で完敗したラインクラフトを差しきる快勝。レース運びも終いの切れも成長は明らかだった。2着のラインクラフトは抑え切れない感じでの4角先頭。以前より前進気勢が増しており、差し切られた点からも2000mは長いのではという感じが見てとれた。

続く秋華賞はラインクラフトが1番人気でエアメサイアは2番人気。3番人気は後にデアリングタクトの母母となるデアリングハートだった。

レースはローズSの再現VTRのようで、ラインクラフトはやはり前進気勢が強すぎ福永騎手が苦労していた。前走よりは我慢できているようにも見えたがそれでも5番手からレースを進め、今回も4角で早くも先頭へ。それを12番手に位置した武豊エアメサイアがしっかりと追尾。ラインクラフトが一旦は突き放し「勝った」と思われたが、ゴールが近づくにつれてエアメサイアが迫り、最後はクビ差の差し切り。

見事、母エアデジャヴーからの悲願であったGI制覇を果たした。今、改めて映像を見返すと福永騎手の若さがみえる。武豊騎手も伊藤雄二師も改めてその手腕を示す1勝だった。

シーザリオは引退。ラインクラフトは以降マイル路線へ。世代の頂点に立ったかに見えたエアメサイアだが、その後エリザベス女王杯5着、中山記念3着、阪神牝馬S2着、ヴィクトリアマイル2着と強さを見せつつも勝ちきれず引退した。とはいえ自身の血統も名手も名伯楽も、それぞれの偉大さを十分に示した3歳秋の輝きだった。

（兎渡谷岳司）

GI 2勝馬ラインクラフトにクビ差先着。12戦すべてに騎乗した武豊もラストチャンスをモノにした。

1歳下の全妹は4勝馬エアマグダラ、7歳下のエアルプロン（父ディープインパクト）と10歳下のジルダ（父ゼンノロブロイ）は準オープンまで勝ち上がった。エアメサイアの初年度産駒エアワンピース（父ロックオブジブラルタル）は準オープン、4番仔エアスピネル（父キングカメハメハ）は重賞3勝で21年フェブラリーSを2着。5番仔エアウィンザー（父キングカメハメハ）もチャレンジCを勝つなど、この一族は活躍馬を多く輩出している。

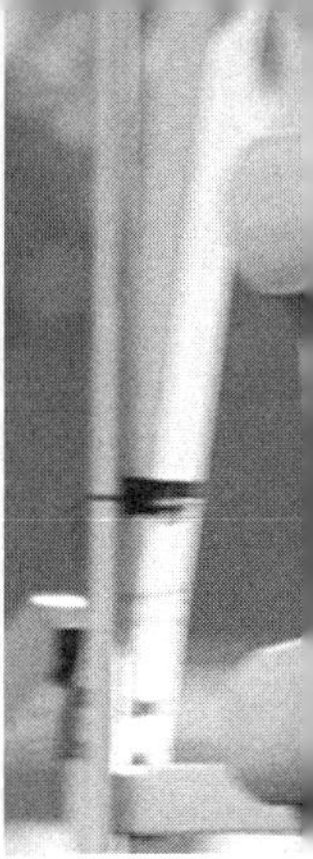

エアメサイア

性別 牝

毛色 鹿毛

生誕 2002年2月4日

死没 2014年9月12日

父 サンデーサイレンス

母 エアデジャヴー（母父・ノーザンテースト）

調教師 伊藤雄二（栗東）

生涯成績 4-4-2-2

獲得賞金 3億3553万円

勝ち鞍 秋華賞　ローズS

第10回秋華賞（GI）
芝右2000m　晴　良　2005年10月16日　11R

着順	枠番	馬番	馬名	性齢	斤量	騎手	タイム	着差	人気
1	5	10	エアメサイア	牝3	55	武豊	1:59.2		2
2	3	5	ラインクラフト	牝3	55	福永祐一	1:59.2	クビ	1
3	6	11	ニシノナースコール	牝3	55	横山典弘	1:59.7	3	5
4	3	6	オリエントチャーム	牝3	55	赤木高太郎	1:59.9	1.1/2	11
5	8	18	ライラプス	牝3	55	松永幹夫	2:00.0	クビ	7
6	2	3	モンローブロンド	牝3	55	秋山真一郎	2:00.0	クビ	13
7	1	1	エイシンテンダー	牝3	55	武幸四郎	2:00.4	2.1/2	6
8	6	12	ショウナンパントル	牝3	55	吉田豊	2:00.5	1/2	4
9	8	17	トウカイルナ	牝3	55	北村浩平	2:00.6	1/2	18
10	7	14	コスモマーベラス	牝3	55	柴田善臣	2:00.7	クビ	12
11	5	9	フェリシア	牝3	55	小牧太	2:01.0	1.3/4	14
12	4	8	デアリングハート	牝3	55	後藤浩輝	2:01.1	3/4	3
13	1	2	ジェダイト	牝3	55	池添謙一	2:01.3	1.1/4	9
14	7	13	シールビーバック	牝3	55	松岡正海	2:01.3	クビ	16
15	4	7	レースパイロット	牝3	55	安藤勝己	2:01.4	クビ	8
16	8	16	エリモファイナル	牝3	55	四位洋文	2:01.5	3/4	10
17	7	15	スルーレート	牝3	55	渡辺薫彦	2:02.5	6	17
18	2	4	テイエムメダリスト	牝3	55	橋本美純	2:04.7	大	15

2005年
ジャパンC

アルカセット

ハイレベルなレースを制した外国馬と善戦ホース・ハーツクライの成長

1981年。高まりつつあった「世界に通用する強い馬づくり」の実現のため、「世界に追いつけ追い越せ」のキャッチフレーズで創設されたのが、日本で初めてとなる国際招待レース・ジャパンCだった。

その記念すべき第1回目。ホスト国の日本は恥ずかしくないメンバーが顔を揃えたが、蓋を開けてみると、カナダの二線級と思われた牝馬メアジードーツにレコードを更新される形で完敗。このショッキングな敗戦は日本馬にとっても、ホースマンにとっても、大きな飛躍へとつながることになるが、それはもう少し先の話。81年から90年までの10年間で日本馬はカツラギエース、シンボリルドルフの2勝。外国馬8勝だった。

ところが、次の10年間以降、イメージは少しずつ変わっていく。91年から00年は日本馬6勝・外国馬4勝。そして01年から10年の10年間では日本馬8勝・外国馬2勝。11年から20年では日本馬が全勝するに至り、決定的に逆転することになる。

日本馬のレベルが上がった（強くなった）要因として、98年に創設されたセレクトセール*の影響を見逃せないが、良血馬をセリ市場で売買するそのコンセプトも含め、日本のホースマンの意識レベルが高まったことが何よりも大きいものと思われる。

そうなると、皮肉なことに外国馬の出走頭数が減っていくことになった。そもそも外国馬にとってジャパンCが開催される11月下旬は、シーズンオフ直前の疲労がピークにある時期である。強い日本馬と対戦しても勝つ見込みが少ないとなると、わざわざ遠征してまで挑戦する意味なし、と考えるようになって不思議はない。そういう空気が当たり前になりつつあった05年に、本場の牙城を守ったのがアルカセットだった。

このアルカセット。アメリカ生まれのイギリス調教馬。父がエルコンドルパサー、キングカメハメハと同じキングマンボだから、日本でも馴染みの深い父系である。血統的な適性を求めての日本遠征だったが、そこにいたるまでには紆余曲折があった。

パワー型の良血馬ゆえ、ヨーロッパの芝を求めてイギリスに拠点を置くが、故障がちで思うように結果を出せず2～3歳時に6戦1勝。欧米の競馬産業は日本以上にサイクルが早く、この馬も3歳暮れには現役馬のセリにかけられて移籍。デビュー前の取引価格の4分の1程度の値段だったという。

厩舎も替わって心機一転となるはずの4歳時も4戦2勝。重賞レベルで活躍するにはいた

＊セレクトセール　1998年に創設された一般社団法人日本競走馬協会主催の日本最大のセリ市。これまで60頭以上のGI級勝利馬を出している

らなかったが、5歳を迎えて覚醒する。GⅡで重賞初制覇を挙げると、GⅠ初挑戦のコロネーションC2着後、フランスのサンクルー大賞でGⅠ初制覇。続くフォア賞2着、チャンピオンS5着とヨーロッパ古馬路線の一線級レベルの底力をつけ、その後、ブリーダーズCターフ挑戦のプランが持ち上がるが、血液の異常が判明して白紙に。シーズン最後の一戦として矛先を向けたのが第25回ジャパンCだった。

鞍上はサンクルー大賞で手綱を取ったデットーリに決まった。日本でも人気の高い名手を背にしたこともあるが、馬自身のキャリアの浪花節（?）的性質は、日本人の好むところでもあった。外国馬劣勢の風潮が当たり前になり始めていた時期だけに、アメリカ遠征後に一頓挫あったうえでの3番人気は〝贔屓目《ひいきめ》〟も手伝っていただろう。

1000m通過58秒3。逃げたタップダンスシチーは2年前のこのレースの覇者だが、この年のラップはさすがに速過ぎた。7枠14番のアルカセットは少し出が悪かったが、スタンド前ですぐにインに進路を取って中団馬群を追走。スムーズに折り合って直線を向くと、いつのまにか内めを捌いて好位勢の直後に取りつき、前を行くウィジャボードを摑まえに出て、外から抜け出してきた前年の覇者ゼンノロブロイを振り切り、ゴール前急追してきたハーツクライをハナ差抑え切って優勝。走破時計は2分22秒1。ホーリックスがジャパンCで叩き出した2分22秒2を0秒1上回り、16年ぶりにレコードを更新した。ジャパンC3勝目のデットーリだが、すべてハナ差。変幻自在で勝負強い〝デットーリ・マジック〟によるところも大きいが、持続的にいい脚を使えるアルカセットの長所が発揮されたレース内容だった。

さて、このレースにはもうひとつ、実はもっと重要な記憶されるべきポイントがある。それは2着のハーツクライのレースぶりだ。この時点でGI未勝利。2番人気の支持を受けてはいたが、善戦止まりの馬に過ぎなかった。その原因は、追い込み脚質馬にしばしばみられる馬群に入れない性質、だったのだが、前走の天皇賞・秋で初めて手綱を取ったルメールが、思い切って直線馬群を突き、縫うようにして強襲した。この経験こそが、続く有馬記念でディープインパクトに初黒星をつける大事件につながるのだ。

その有馬記念でのディープとハーツクライの差は何だったのだろうか。ひとつの答えとして、仮説的にではあるが、海外の一線級と対戦した経験の有無、と見ることは無茶だろうか？掛け値なしに、第25回ジャパンCは海外からの遠征馬のレベルが高かった。そこで日本馬最先着の馬が、無敗の四冠馬誕生を阻止したのは事実である。

アルカセットの日本レコードは13年後、同じジャパンCの舞台でアーモンドアイに破られた。しかしアルカセット以降、外国馬はジャパンCを勝利しておらず、20年の時点で継続中である。もしも外国の一線級との対戦が日本馬全体のレベルアップにつながるのだとすれば、ジャパンCの存在意義は、決して失われてはならないと思うのだ。

（和田章郎）

世界的名手・デットーリによるハナ差の勝利。これ以降、外国馬の優勝は途絶えている。

アルカセットの母Chesa Planaは日本に輸入されトーセンラフィットらを輩出したがJRAでは未勝利。出世頭は南関東で4勝を挙げたトーセンラフィット。同馬の2番仔、つまりChesa Planaの孫は21年5月に東京ダート1400mで初勝利を挙げたトーセンアルル（父ジャスタウェイ）。またアルカセットの父Kingmamboはエルコンドルパサー＆キングカメハメハを送り出し、JRAのGIを5勝。重賞勝ち鞍も16に及んでいる。キングカメハメハを通じて血脈が受け継がれているのは承知の通りだ。

アルカセット

性別 牡

毛色 鹿毛

生誕 2000年2月19日〜

父 Kingmambo

母 Chesa Plana（母父・Nijniski）

調教師 L.クマーニ（英国）

生涯成績 6-7-0-3

獲得賞金 2億5386万円

勝ち鞍 ジャパンC　サンクルー大賞　ジョッキーCS

第25回ジャパンカップ（GI）
芝左2400m　晴　良　2005年11月27日　10R

着順	枠番	馬番	馬名	性齢	斤量	騎手	タイム	着差	人気
1	7	14	アルカセット	牡5	57	L.デットーリ	2:22.1		3
2	8	16	ハーツクライ	牡4	57	C.ルメール	2:22.1	ハナ	2
3	4	8	ゼンノロブロイ	牡5	57	K.デザーモ	2:22.4	1.3/4	1
4	3	5	リンカーン	牡5	57	武豊	2:22.4	ハナ	9
5	3	6	ウィジャボード	牝4	55	K.ファロン	2:22.4	クビ	5
6	7	13	サンライズペガサス	牡7	57	蛯名正義	2:22.6	1.1/2	15
7	5	10	ヘヴンリーロマンス	牝5	55	松永幹夫	2:22.7	1/2	8
8	6	12	バゴ	牡4	57	T.ジレ	2:22.8	1/2	6
9	8	17	スズカマンボ	牡4	57	安藤勝己	2:22.9	クビ	10
10	1	2	タップダンスシチー	牡8	57	佐藤哲三	2:23.1	1.1/4	7
11	2	4	アドマイヤジャパン	牡3	55	横山典弘	2:23.2	3/4	4
12	4	7	ベタートークナウ	セ6	57	R.ドミンゲス	2:23.4	1.1/4	11
13	2	3	ウォーサン	牡7	57	J.スペンサー	2:23.4	ハナ	16
14	6	11	コスモバルク	牡4	57	D.ボニヤ	2:23.5	1/2	12
15	1	1	マイソールサウンド	牡6	57	本田優	2:24.0	3	18
16	7	15	キングスドラマ	セ5	57	E.プラード	2:25.0	6	13
17	8	18	ビッグゴールド	牡7	57	和田竜二	2:25.6	3.1/2	17
18	5	9	ストーミーカフェ	牡3	55	四位洋文	2:25.7	3/4	14

コラム
1

特別寄稿

吉川良

ハンパないショックをくれた「神さまたちの神さま」

ディープインパクトのことを考えると、私にはひとつの思い出がよみがえってくる。それは2005年2月の朝のこと。取材仕事で栗東トレセンにいた私は、タバコを吸えるベンチに腰掛けていた。

「おたく、記者さん？」

隣に腰掛けた初老の男に聞かれる。私は新聞記者ではないが「ハイ」と返事をした。ヘルメットをひざに置いた初老の男は、どこの厩舎の厩務員だろうか。

「ディープインパクトってどういう意味？」

いきなりのように聞かれて私は、「半端ないショック」と初老の男に答えた。

「うちの厩舎のとなりの厩舎に、ディープインパクトってオスの3歳がおるんよ。新馬戦も次の若駒Sも圧勝で評判通りや。その半端ないショックという名をつけた馬主、どんな気で名前をつけたもんやろ」

そう初老の男がいうと、「怪物というウワサ、関東にも聞こえる」と私は言った。

ディープインパクトが関東初登場の、2005年3月6日の弥生賞を、私は出走馬の厩務員がレースを見るたまり場の、すぐ後ろに立って見た。レース決着直後の、ディープインパクトの強さを見せつけられた厩務員たちの、一様に目をまんまるにした沈黙の光景も私には忘れられない。

父サンデーサイレンス、母ウインドインハーヘア。あらためて血統を言ってみる。サンデーサイレンスの種牡馬としての凄さは誰でも知っている。ウインドインハーヘアも、その母バラクレアも、その母のハイクレアも、ヨーロッパで屈指の名牝だった。

2002年のセレクトセールを思い出す。私は会場にいて、当歳セリでウインドインハーヘアの2002が金子真人さんに7000万円で落札されたのを見ていた。

金子さんの名は真人と書いてマコト。私の名は良と書いてマコト。この世にお金持ちのマコトさんもいれば、お金持ちでないマコトさんもいる。たぶん、そんなことを思いながら私は、セリに登場したウインドインハーヘアの2002を見ていたにちがいない。

2005年3月15日、私は心筋梗塞に襲われ、終わったと意識したが生き残った。3月25日、退院。ディープインパクトの誕生日だった。

4月17日、第65回皐月賞。私は記者席のバルコニーで観た。ディープインパクトの単勝オッズは1・3倍。ゲートが開いて、ディープインパクトはバランスを崩した。ゲート入りを嫌がった他馬のムチを聞くうちにイレ込んだようである。

あわてずに武豊が馬群の後ろへ。向正面で動き出し、4コーナーでデビュー4戦目での初めてのムチを受け、そこからはハンパないショックの走り。

「あの馬、飛んでた」と誰かの声がし、レース後、「それにしてもすごい反応。走っているというより、飛んでる感じでした」と武豊がコメントした。

単勝オッズ1・1倍のダービーを当たり前のように、単勝オッズ1・0倍の菊花賞を折り合いを欠きながらも勝ったディープインパクトを、私は息をのんで見つめるしかなかった。

ほんと、ハンパないショック。

菊花賞のあと、池江泰郎厩舎でディープインパクトのおでこに触らせてもらったことがある。

「おとなしくて、とにかく静かなんだ。サンデーサイレンスの仔でこんなに素直なの、いないんじゃないの。きれいな瞳でね」と市川明彦厩務員が言い、「おれなんか自信がないから冗談ばかり言ってるけど、本当に強い生き物は騒ぐ必要がないんだよな」と私が言った。

2006年。阪神大賞典、天皇賞・春、宝塚記念を勝ったディープインパクトは10月に凱旋門賞に挑戦。3着という惜敗（後に薬物違反による失格裁定）で帰国後、ジャパンCを勝ち、ラストランの有馬記念を勝ったのだった。

2005年と2006年、JRA年度代表馬となったディープインパクトは、2007年、社台スタリオンステーションで種牡馬となった。

種牡馬は競走馬の神さま。ディープインパクトの父サンデーサイレンスは、その神さまたちの最高位に位置する神さまで、日本の競走馬生産の牧場地図を、すっかり塗り替えるほどの種牡馬だった。そのすごいサンデーサイレンスの代表産駒であるディープインパクトが、どんな種牡馬になるだろうと、競走馬の生産者たちは特別に注目をした。ディープインパクトも、神さまたちの神さまになり、競馬界にハンパないショックを与え続けた。

月日が流れ、2019年7月30日。ディープインパクトは頸椎骨折により遠方へ旅立った。17歳だった。

ジェンティルドンナ、キズナ、ミッキークイーン、ハープスター、ショウナンパンドラ、ダノンプラチナ、ジョワドヴィーヴル、ディープブリランテ、アユサン、マルセリーナ、スピルバーグ、マリアライト、リアルインパクト、ダノンシャーク、エイシンヒカリ、サトノダイヤモンド、マカヒキ、リアルスティール、ヴィブロス、ワグネリアン、アルアイン、ミッキーアイル、ダノンキングリー、コントレイル、グランアレグリア。思いつくまま、ディープインパクト産駒の名を言ってみる。それが何よりの、ディープインパクトに贈る言葉になるだろう。

05年以降に増えてきた
同一重賞の連覇記録

2005年の金鯱賞。優勝馬タップダンスシチーは同一重賞3連覇を成し遂げた。56～58年に鳴尾記念を3連覇したセカイオー、93～95年とセイユウ記念を3連覇したシゲルホームランに続く快挙だったが、この後、同一重賞の連覇記録はいくつか達成されている。05～07年と函館記念を3連覇したのがエリモハリアー。ハンデ重賞において55・56・57キロで勝ち切り、人気は6・1・7。鞍上も北村浩平、安藤勝己、武幸四郎と3回とも異なる騎手だった。

07～09年とオールカマー3連覇を遂げたのがマツリダゴッホ。別定戦GⅡで58・59・58キロを背負っての記録であり、ほかにAJCC・有馬記念・日経賞と重賞6勝すべてが中山コースでの勝利。〝中山巧者〟と呼ばれた。

13～15年と阪神大賞典3連覇を遂げたゴールドシップ、15～17年のステイヤーズSを3連覇したアルバートと近年は連覇記録が多く達成されている。中山グランドジャンプ5連覇を遂げたのがオジュウチョウサン（16～20年）。6連覇に挑んだ21年は5着に終わり記録は途絶えたが、10歳の現在も現役を続行中だ。

なお、日本記録は地方・ホッカイドウ競馬のクイーンCを6連覇（79～84年）した牝馬シバフイルドー。4歳～9歳で達成した、いまだに破られぬ栄光だ。

第2章

史上最強馬のラストラン　2006年

2006

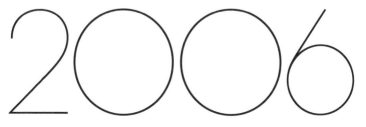

2006年
有馬記念

ディープインパクト

天才の落胆、そして薬物騒動
失意の凱旋門賞から甦った史上最強馬

「よくわかりません」——確か、こんなコメントだったと記憶している。合田直弘さん*にマイクを向けられた武豊騎手は、一言だけ語ると、立ち止まることなくその場を後にした。

2006年10月1日深夜。凱旋門賞に出走したディープインパクトに、日本中の競馬ファンが熱い視線を注いだ。現在と異なり馬券は買えなかったが、日本競馬史上最強馬が日本競馬の悲願を達成する、その瞬間を目にしたい、と多くのファンがNHKにチャンネルを合わせた。近年こそフジテレビの番組内で中継をされているが、当時はCSのみの放送がメインであり、NHKが中継するのは、ファンの期待の表れだった。日曜深夜の放送における視聴率は16パーセントを超えている。

直線に入り、残り300m。先頭に立ったディープインパクトの鞍上・武豊は追い出し始めた。手ごたえは十分。決して早仕掛けではない。「勝てる!」と多くのファンが声援を送った次の瞬間、ディープより3・5キロ軽いレイルリンクが先頭でゴール。外のプライドにも交

---

*合田直弘　海外競馬評論家。通称「世界の合田」。社台ファームのセリ市の司会なども務めている

わされ、まさかの3着に敗れた。

デビュー以来、後方から来た馬に差されたのは初めてだった。ゴール直後の、武豊の落胆ぶりは生半可ではなかった気がする。

冒頭の受け応えはレース直後のものである。普段の笑顔はまるでない。顔色は青ざめている。「ユタカスマイル」とは正反対の「今は何も語りたくない」という感情が読み取れた。

この原稿を書くためにレースVTRを見直したが、武豊の騎乗ぶりにマイナス点など感じられない。敗因は、一瞬の仕掛けのタイミングによる勝負のアヤ。そんな気さえする。

レース前、武豊は次のようなコメントをしていた。

「今回ぼくは凱旋門賞に挑戦するのではなく、凱旋門賞に騎乗するんです（中略）。ディープが凱旋門賞に出るのは、そんなにすごいことじゃないですから。ここまで強くなって、あれだけブッちぎって勝ちまくったら、当然、次はもっと大きな舞台へ…となるじゃないですか。こんな馬、日本にいなかったでしょう。もしかしたら世界にもいなかったのかもしれない」

（『ありがとう、ディープインパクト』島田明宏著・廣済堂出版刊より）

普段の年と異なり少頭数（9頭立て）となったのは、他馬が勝てないと感じたからかもしれない。事実、フランスギャロの最終オッズは1・5倍だった。

レース後、時間が経過すると、武豊は「いつもの走りではなかった」と語った。ディープインパクトでさえ勝てない。日本のファンは改めて凱旋門賞という壁の高さを感じた。

レースから10日後、ディープインパクト引退のニュースが流れた。ジャパンCと有馬記念の2戦で有終の美を飾るという内容は、私を含む多くの競馬マスコミが予想した通りだった。

さらに8日後。予想だにしないショッキングなニュースが流れてきた。ディープインパクトの体内から禁止薬物が検出されたというのだ。

調教師の池江泰郎は「9月に咳込んだ際、フランス人獣医師の処方によりイプラトロピウム(禁止薬物)による吸入治療をした」と弁明書に記した。「吸入中に暴れた直後、付着した干し草をレース前にディープが食べたのでは」という内容だった。イプラトロピウムが競走能力を高めるとは認められておらず、「不注意による投与ミス」となった。

ここからは私見だが、ディープ陣営は決して悪意のある不正などしていない。簡単な話、そんなことをせずとも勝てる見込みが十分にあったからだ。

薬物問題とは別に(個人的に)ディープインパクトには二つの「嫌な感じ」を持った。一つは凱旋門賞の疲労。もう一つは、世界最強とみていたディープについたアヤである。目に見えない何かがディープにまとわりつき、レース中にアクシデントでも起こるのではないか。

しかし、ディープインパクトの能力は、そんなアヤなど寄せ付けない、はるかに高い位置にあった。続くジャパンCで海外GⅠ・7勝のウィジャボードに2馬身半差をつけての楽勝。ラストランの有馬記念を迎えた。前年より5万人ほど入場者数が減ったものの、当日の中山競馬場は、足の踏み場もないほど大勢のファンが押しかけ、場内は熱気を帯びていた。

私が初めて有馬記念の中山競馬場に足を運んだ際は男性ファンが9割近かったが、この年は女性ファンが半数近かった印象がある。それも若い女の子ばかりだ。

ゲートイン直前、場内のあちこちから「ディープ～!」の声が響いた。その熱意に気圧されたのか、いつも以上にゲートインで後ずさりしたスイープトウショウが出遅れた。後方3番手を進むディープインパクトはいつもと同じ脚色で1コーナーを迎える。ハナに立ったアドマイヤメインが後続を8馬身近く離して逃げるも、3コーナー手前で進出を開始したディープが4コーナーで先頭に並びかけた。武豊がムチを入れると後続を瞬く間に突き離す。「これが最後の衝撃だ!」という実況が流れたとき、場内のあちこちから黄色い「ディープ～」という声が沸き起こった。数年前の馬券オヤジの「差せ!」「そのまま!」という怒声ではなく、女性ファンの「負けるな～」という声援である。

レース後に行われた引退式を終えて中山競馬場を去るとき、私は心の中でつぶやいた。「ありがとうディープ」。それは、馬券オヤジの競馬雑誌編集者である私に「競馬のすばらしさと難しさ」を教えてくれた感謝の意だった。

（小川隆行）

2着との差は広がるばかり。ラストランも正に飛んでいた。

本文にも記された通り、GI・7勝を挙げた名馬中の名馬は父としても40頭以上のGI馬を送り出した。最高賞金獲得馬はGI・7勝馬ジェンティルドンナ、これに次ぐのが現役馬グランアレグリア。ディープブリランテ、マカヒキ、ワグネリアン、キズナ、ロジャーバローズ、コントレイル、シャフリヤールと日本ダービー優勝馬は7頭に上り、JRA重賞勝利数は264（21年9月20日現在）にも及ぶ。初年度の種付け料は1200万円だったが最盛期には4000万円にも跳ね上がった。産駒の獲得賞金やキャラクターグッズ、入場者数、馬券売り上げなどをトータルすると、その経済効果は500億円以上とも言われている。

ディープインパクト

性別 牡

毛色 鹿毛

生誕 2002年3月25日

死没 2019年7月30日

父 サンデーサイレンス

母 ウインドインハーヘア（母父・Alzao）

調教師 池江泰郎（栗東）

生涯成績 12-1-0-1

獲得賞金 14億5455万円

勝ち鞍 皐月賞　日本ダービー　菊花賞　天皇賞・春　宝塚記念　ジャパンC　有馬記念　弥生賞　阪神大賞典　神戸新聞杯

第51回有馬記念（GI）
芝右2500m　晴　良　2006年12月24日　9R

着順	枠番	馬番	馬名	性齢	斤量	騎手	タイム	着差	人気
1	3	4	ディープインパクト	牡4	57	武豊	2:31.9		1
2	1	1	ポップロック	牡5	57	O.ペリエ	2:32.4	3	6
3	4	5	ダイワメジャー	牡5	57	安藤勝己	2:32.5	3/4	3
4	3	3	ドリームパスポート	牡3	55	内田博幸	2:32.5	ハナ	2
5	5	8	メイショウサムソン	牡3	55	石橋守	2:32.7	1.1/4	4
6	2	2	デルタブルース	牡5	57	岩田康誠	2:32.7	クビ	9
7	6	9	トウショウナイト	牡5	57	武士沢友治	2:32.8	3/4	10
8	7	12	アドマイヤフジ	牡4	57	武幸四郎	2:32.8	クビ	12
9	6	10	アドマイヤメイン	牡3	55	柴田善臣	2:32.8	ハナ	7
10	4	6	スイープトウショウ	牝5	55	池添謙一	2:32.9	クビ	5
11	5	7	コスモバルク	牡5	57	五十嵐冬樹	2:33.2	2	8
12	7	11	スウィフトカレント	牡5	57	横山典弘	2:33.3	クビ	11
13	8	13	ウインジェネラーレ	牡6	57	蛯名正義	2:33.6	1.3/4	13
14	8	14	トーセンシャナオー	牡3	55	勝浦正樹	2:34.0	2.1/2	14

第51回有馬記念（GI）

芝2500m
2006年12月24日（日）
中山9R

中山 9 （GI）有馬記念（第51回）（サラ3歳上 混 指・オープン・定量）

◆ありまきねん ファン投票選出馬中心の競走。有馬頼寧氏を記念

枠馬番	父 / 馬名 / 母（母の父） 性齢	人気指数 木山田橋内島 鈴岡和高堀本紙水	騎手と勝負服	重量騎手	騎手成績	厩舎	本賞金	総賞金	馬主	持時計 1800 2000 2500	別芝績 距離 中山 重成
白 1 1	エリシオ / ポップロック 牡5 / ポップス（3勝）サンデーサイレンス	29 ▲△△○ 関西馬 ○		57ペリエ	0000	角居	5,880	19,996	吉田勝己	1.46.9 2.03.1 2.33.1	5101 1000 4100
2 2	ダンスインザダーク / デルタブルース 牡5 / ディクシースプラッシュ（輸入）ディキ	43 ○△ 関西馬		57岩田	2012	角居	18,030	61,886	サンデーR	1.40.3 2.00.6 2.30.0	5120 0200 3000 8121

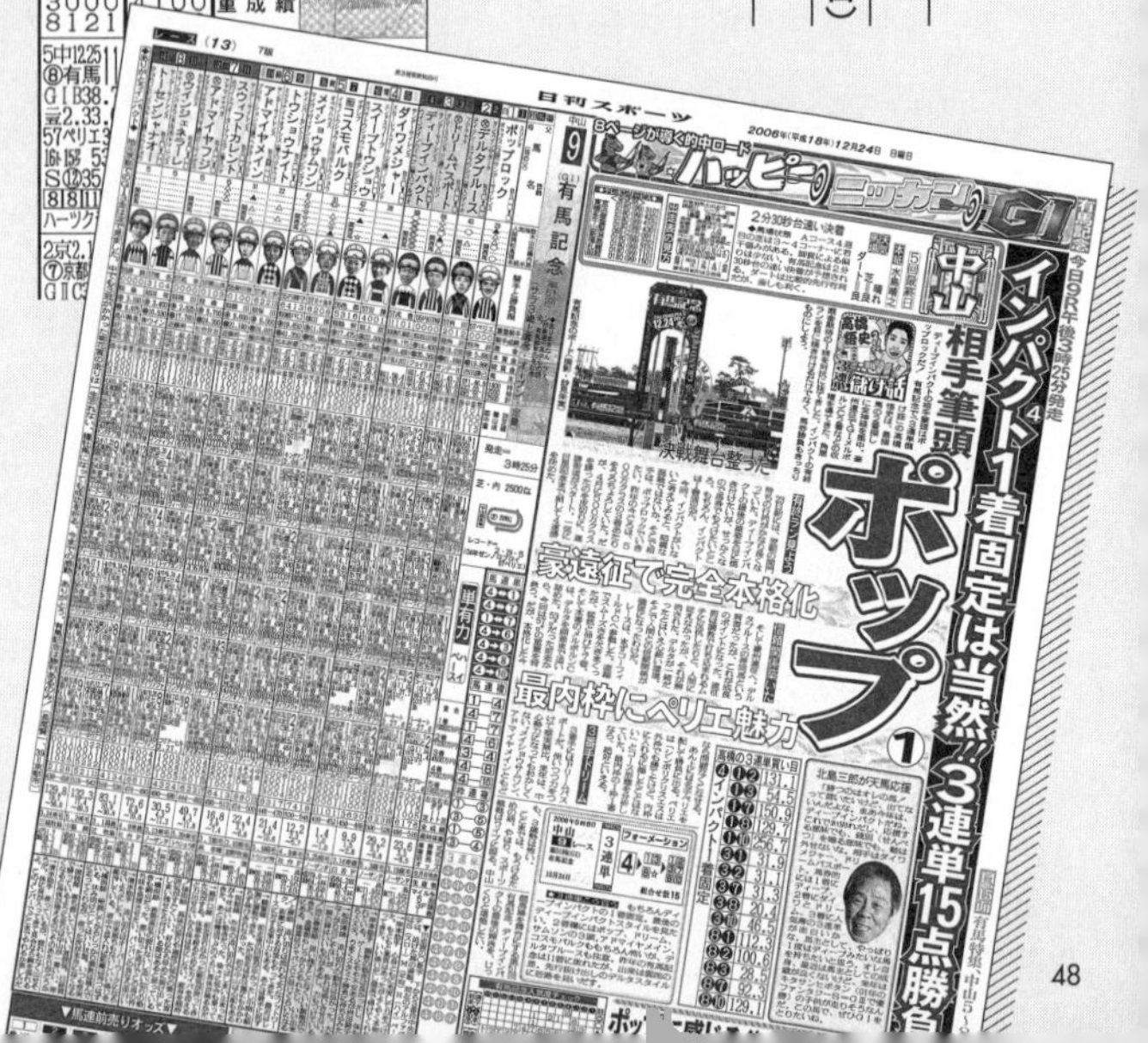

日刊スポーツ 2006年（平成18年）12月24日 日曜日

8ページが導く的中ロード ハッピー ニッカン GI

今日9R午後3時25分発走

インパクト1着固定は当然!! 3連単15点勝負

中山 相手筆頭 ポップ①

豪遠征で完全本格化

最内枠にペリエ魅力

決戦舞台整った

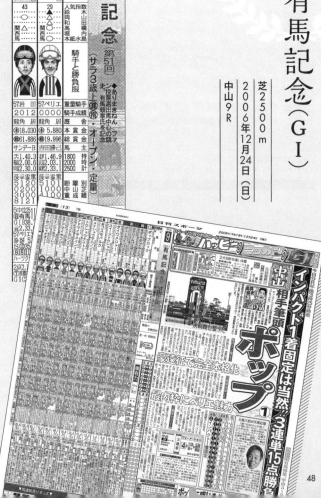

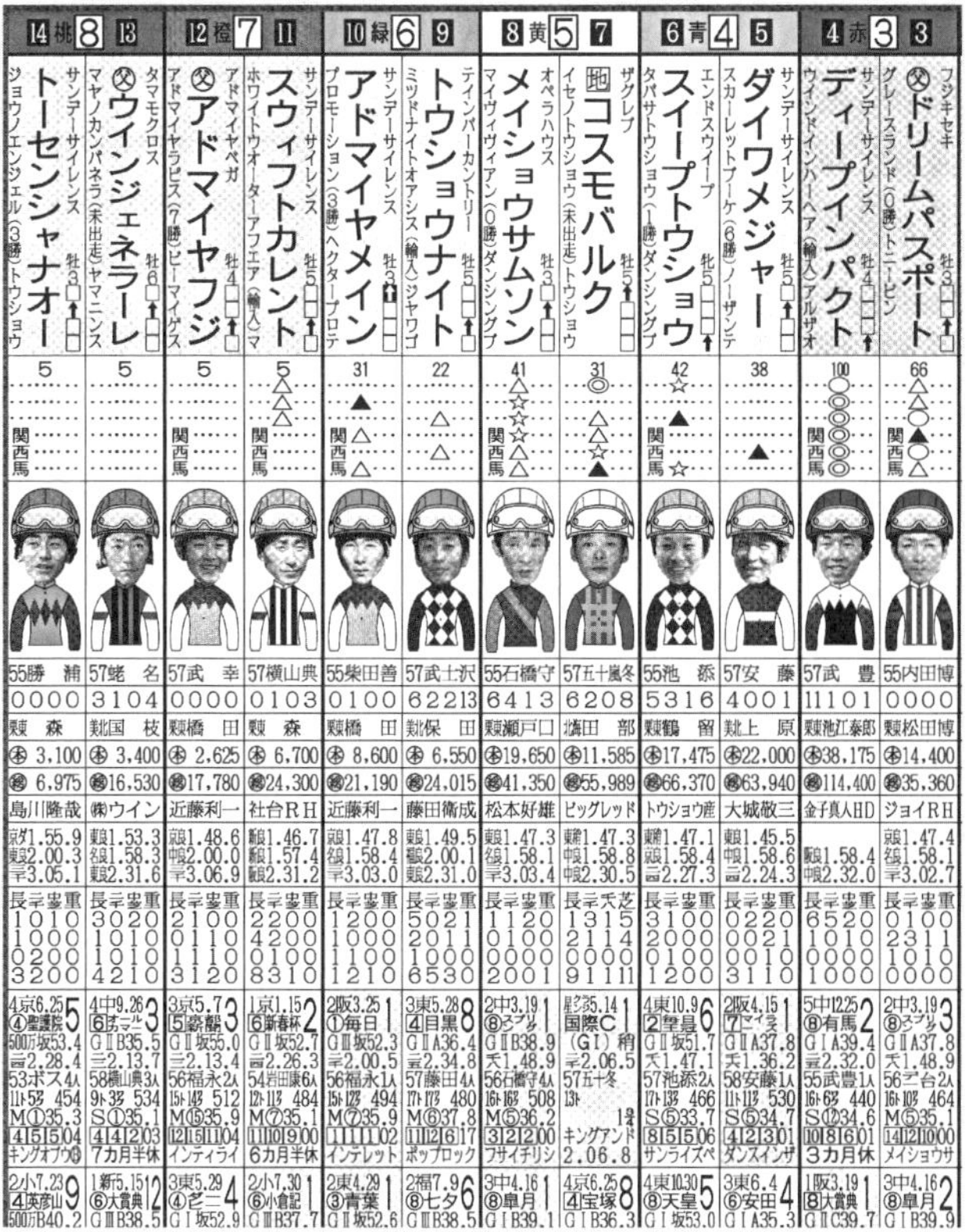

日刊スポーツ新聞社

昨年敗れた舞台も、ディープ勝利に疑問なし

2005年に続き紙面ではディープインパクトの一強ムードで、相手探しをするレースとの見方が大勢を占めていた。「インパクト1着固定は当然!!」という見出し通り、4歳のディープは前年のリベンジを達成。凱旋門賞→ジャパンC→有馬記念と、今思えばタフな過程を乗り切った。内枠2頭はメルボルンCの1、2着馬。加えて二冠馬メイショウサムソンや地方の星コスモバルクなどが参戦した、稀に見る好メンバーの有馬記念だった。

2006年
桜花賞

キストゥヘヴン

4戦目に未勝利戦優勝の遅咲き馬
1カ月後に制覇した桜花賞

牝馬クラシックを制するために大切なものとは何だろう？　完成度の高さはもちろん必要だし、レースセンスの良さも大切な要素。もちろん、クラシックを見据えたローテーションで走り、その都度結果を残してこられるだけの実力がなければそう簡単に勝てるものではないが…。勢いさえあれば、そんなものは必要ないと言わんばかりに突き抜けたのが、2006年の桜花賞を勝ったキストゥヘヴンだった。

ただでさえ混沌としていたこの年の3歳牝馬のクラシック戦線。前年の2歳女王決定戦である阪神JFを8番人気の伏兵テイエムプリキュアが制したのを始め、毎回のように主役がコロコロと入れ替わった。特に桜花賞まであと1カ月という段階で行われたトライアルレースのチューリップ賞もフィリーズレビューも1番人気馬が馬券圏外に散った。ただでさえ混沌としたメンバー構成な上に舞台は波乱が多いことでも知られる桜花賞。それだけに大荒れする雰囲気は戦前からあった。

そんな桜花賞にエントリーしたのがキストゥヘヴン。2歳12月というちょっと遅めのデビューだったが、ここを2着すると年明け1月の未勝利戦でもまたも2着。舞台を中山から東京に変えて臨んだ3戦目の未勝利戦も2着とまさかの3連敗。2戦目以降はダート戦を走るなど、この1カ月半後に桜花賞を制するとは思えないような臨戦過程を踏んでいた。

ようやく初勝利を挙げたのは4戦目、3月開催の中山戦。久々の芝コースだったことで持ち味の末脚が目を覚ましたか、早めに抜け出して勝利。桜花賞を目指すことを考えたらもう落とせないという中で迎えたフラワーCでは6番人気という低評価ながら、直線で力強い末脚を見せると先に抜け出した1番人気馬フサイチパンドラを下して重賞初制覇。400キロそこそこの小さな馬体ながら、どこか武骨さを感じさせる豪快な末脚を駆使してギリギリで桜花賞への切符をつかんだ。

さて、混戦と目されたこの年の桜花賞で1番人気に支持されたのがアドマイヤキッス。デビューこそ早かったものの、なかなか勝ち星に恵まれず初勝利を挙げたのは3戦目。これ以上走る必要がないということで残りの2歳シーズンを放牧に充てると、3歳初戦のチューリップ賞は外から豪快に差して快勝。時計的には平凡だったものの、半年ぶりに戻ってきた素質馬が2歳女王らを相手にレースの経験値ではなく、生まれ持ったポテンシャルの高さだけで勝ちきった感じのレース内容はインパクトがあり、混戦を断ち切るにはピッタリの存在と思われた。栗毛の馬体に流星がスーッと流れる顔立ちからはどこか気品が漂い、今もなお「日本競馬史上最高のルックス」と一部で根強い支持を集めるほど。そんな美少女・アドマイヤキッスが桜色の優勝レイを身にまとう姿を想像し、馬券を買ったファンも少なくないだろう。

一方、キストゥヘヴンはというと6番人気。フラワーCでフサイチパンドラを負かしてきたものの、関西への輸送を挟むため一般的に不利とされる関東所属馬ということで敬遠されたか、それともここまで休みなく5戦してきたことで伸びしろがないと判断されたか、今となっては不条理の人気に留まった。

レースは好スタートから飛び出したアサヒライジングが最内枠を利して先頭に立つと前半3ハロンを34秒8という流れに。前年の桜花賞の前半3ハロンが33秒8なので実に1秒も遅い。先手を取ってそのまま粘りこもうという陣営の考えがよくわかる。

例年よりも緩やかな流れに焦りを感じたのか、2番人気のフサイチパンドラは早めに仕掛けていった。外から押し上げるような形でポジションを取りに行く中、アドマイヤキッスはまだ後方。そしてフサイチパンドラと同じく外枠に入っていたキストゥヘヴンはアドマイヤキッスよりも後ろの位置で動かずにいた。

やがて馬群は4コーナーを回り、いよいよ最後の直線へ。前半のリードをさらに広げるようにアサヒライジングが先頭に立つと、中団から動いていったコイウタらが追いかけ、さらにその外にアドマイヤキッスが付けた。坂を上ってもまだ踏ん張るアサヒライジングを目指してアドマイヤキッスは懸命に伸び、あと100mのところで射程圏内に迫った。

だが、アドマイヤキッスのさらに外から猛然と迫る馬がいた。それがキストゥヘヴンである。アドマイヤキッスよりもほんの数秒仕掛けを遅らせることでどこか武骨ながらも力強い末脚がフルに開花した。完成度の高さやソツなく走るというレース経験をも無視して、自身が持つポテンシャルだけで強引に押し切ろうとした美少女をさらに外から力でねじ伏せる――その姿はまるで「可愛いだけじゃ、桜の女王にはなれないんだよ」と言わんばかりの走りで、前年の暮れからタイトなローテーションを歩み、ギリギリで切符をつかんだキストゥヘヴンがその勢いのままに差し切り、見事に桜の女王に輝いた。2着にはアドマイヤキッスが入り「キス&キッス」の決着に。そして3着にクイーンCを制したコイウタ。戦前には「主役不在の混戦」と称された桜花賞も終わってみれば前走で重賞を勝ってきた馬たちが順当に上位を占めた。

初勝利から35日後に桜花賞馬へと駆け上がったキストゥヘヴン。わずか4世代しか残せずにこの世を去った父アドマイヤベガにGIタイトルをプレゼントした孝行娘は父、そして不慮の事故でこの世を去ったライバルのアドマイヤキッスが天国から見守る中、6歳の春まで現役を続けた。まるで遠くから見ている2頭のために走っていたかのように。

（福嶌弘）

直線一気で桜の女王に輝いたキストゥヘヴン。鞍上・安藤勝己の絶妙な追い出しも印象に残った。

5勝を挙げたキストゥヘヴンは桜花賞以外の4勝が中山コース。高い適性からオークス6着後の秋初戦はセントライト記念という異色のローテを歩んだ（5着）。繁殖牝馬となってから産駒はすべて自身が所属した戸田厩舎に所属。JRAで勝利を挙げた産駒は7番仔のガロシェ（父ルーラーシップ）が最初で、同馬は中山で2勝目をマーク。8番仔タイムトゥヘヴン（父ロードカナロア）は21年京成杯＆NZTを2着するなど母譲りの中山巧者ぶりを発揮。9番仔エールトゥヘヴン（父ロードカナロア・19年生まれ）のデビューが待ち遠しい。

キストゥヘヴン

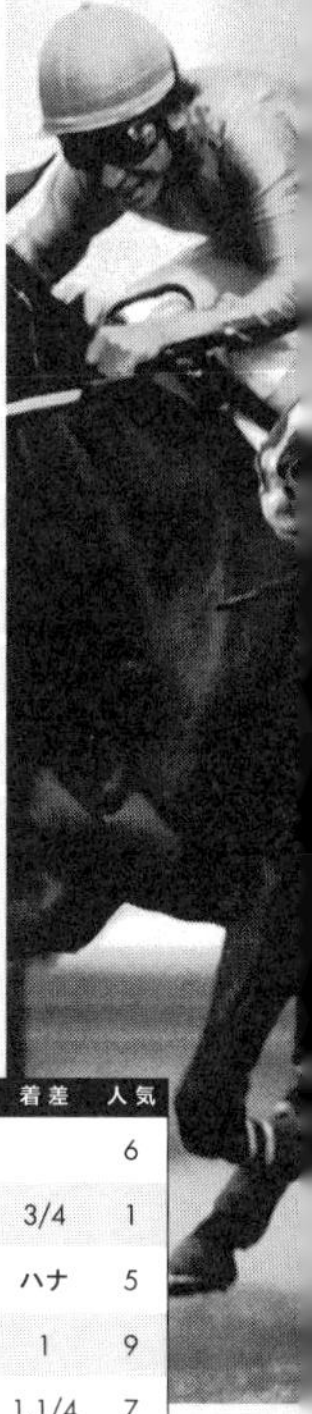

性別 牝

毛色 鹿毛

生誕 2003年4月25日～

父 アドマイヤベガ

母 ロングバージン（母父・ノーザンテースト）

調教師 戸田博文（美浦）

生涯成績 5-4-2-16

獲得賞金 3億2898万円

勝ち鞍 桜花賞　フラワーC　京成杯AH　中山牝馬S

第66回桜花賞（GI）
芝右1600m　晴　良　2006年4月9日　11R

着順	枠番	馬番	馬名	性齢	斤量	騎手	タイム	着差	人気
1	7	14	キストゥヘヴン	牝3	55	安藤勝己	1:34.6		6
2	4	8	アドマイヤキッス	牝3	55	武豊	1:34.7	3/4	1
3	6	12	コイウタ	牝3	55	横山典弘	1:34.7	ハナ	5
4	1	2	アサヒライジング	牝3	55	柴田善臣	1:34.9	1	9
5	8	16	シェルズレイ	牝3	55	岩田康誠	1:35.1	1.1/4	7
6	7	15	ウインシンシア	牝3	55	秋山真一郎	1:35.2	1/2	12
7	5	10	アルーリングボイス	牝3	55	M.デムーロ	1:35.5	1.3/4	8
8	3	5	テイエムプリキュア	牝3	55	熊沢重文	1:35.7	1	3
9	2	3	ラッシュライフ	牝3	55	四位洋文	1:36.0	2	10
10	8	18	タッチザピーク	牝3	55	柴原央明	1:36.3	2	11
11	7	13	ミッキーコマンド	牝3	55	石橋守	1:36.3	クビ	18
12	4	7	エイシンアモーレ	牝3	55	福永祐一	1:36.4	クビ	15
13	1	1	ユメノオーラ	牝3	55	渡辺薫彦	1:36.4	ハナ	14
14	8	17	フサイチパンドラ	牝3	55	角田晃一	1:36.4	クビ	2
15	3	6	グレイスティアラ	牝3	55	田中勝春	1:36.5	クビ	13
16	2	4	ダイワパッション	牝3	55	長谷川浩大	1:36.6	3/4	4
17	6	11	ウエスタンビーナス	牝3	55	藤田伸二	1:37.1	3	17
18	5	9	アイアムエンジェル	牝3	55	柴山雄一	1:37.9	5	16

2006年
ヴィクトリアマイル

ダンスインザムード

少女はいつか大人になる
淑女として女王に返り咲いた〝天才少女〟

「天才はいる。悔しいが」

２０１１年にＪＲＡがＴＶ放映したコマーシャルに、こんなセリフがあった。Ｔ・レックスの「20th Century Boy」のあの特徴的なイントロに乗せて、１頭の馬にフォーカスを当てる粋なコマーシャルだった。冒頭のセリフは確か日本ダービーに際してのもので、91年の日本ダービー勝ち馬であるトウカイテイオーを取り上げてのものだった。当時、ちょうど競馬に興味を持ちはじめた頃の私にとって、痺れるような刺激的な映像だったことを今でも鮮明に覚えている。

確かに天才はいると、私も思う。しかし、それは私のような凡才が無意識のうちに彼らのことを尊敬、あるいは妬みも含んだうえで「天才」というひとつのカテゴリーで括ってしまっているだけにすぎないのかもしれない。彼らからしてみれば自らの努力をそんなシンプルな言葉で括って欲しくないという気持ちもあるだろうし、彼らには彼らにしかわからない苦悩があるはずなのである。

「恐ろしいほどの天才少女です！　恐ろしいほどの才能です！」

04年の桜花賞、ゴール板を先頭で駆け抜けたダンスインザムードのあまりの強さに、実況が叫んだ。ここまで無傷の4戦4勝。あのメジロラモーヌ以来、実に18年ぶりとなる関東馬による桜花賞制覇は、4コーナーで馬なりのまま先頭に立ち、ゴール直前で尻尾を振って、まるで遊びながら勝ったような衝撃的な強さだった。

その後、二冠を目指したオークスで4着に敗れて連勝は途切れたものの、その期待の大きさからアメリカ遠征や、秋華賞から中一週での天皇賞・秋参戦、年末の香港遠征など4月からの8カ月間で3カ国にわたってGIばかりを7走という、3歳牝馬には異例のローテーションが組まれた。繊細な少女にとってそれは、あまりにも過酷だったはずだが、淡々とこなし好走し続けた彼女は父に大種牡馬サンデーサイレンス、全姉にオークス馬ダンスパートナー、全兄に菊花賞馬ダンスインザダークという良血に違わぬ、生まれながらにしての「天才」だった。

ところが、古馬になった彼女は突如として若き日の輝きを失う。

1番人気に支持された4歳初戦はよもやの9着、安田記念では大差のシンガリ負け、夏には牝馬相手のGⅢでも掲示板を確保できない彼女らしからぬ悔いの残る競馬が続いた。秋のGⅠ・2戦では持ち直したものの、結局この年は1着どころか2着すらも記録できず、その姿にかつての凄みは感じられなくなっていた。

サラブレッドは一度調子が崩れると復活を遂げることは容易ではない。まして、よりナイーブな牝馬であればなおさらで、少女と淑女の狭間の葛藤に耐えきれず燃え尽きてしまう馬は幾度となく目にしてきた。彼女も燃え尽きてしまったのか、それとも——。

そして5歳となった06年春、彼女の姿は第1回ヴィクトリアマイルのゲートにあった。新たに創設された春の女王決定戦に初代女王の座を狙う実績馬18頭が名を連ね、その中でダンスインザムードは単勝2番人気に支持されていた。

スタートを上手く切ると先行集団の内目、絶好の位置取りでレースを運ぶ。その手綱は引っ張られてはいるが、かかっているというより抜群の手応えを溜めているようでもあった。まるで、弦がピンッと張り詰めるほどに引かれた弓矢のように。

直線に向いた。府中の広く長い直線コースの内埒沿いでジッと我慢して機をうかがう。残り200mのハロン棒を通過したその時、それまでの鬱憤を晴らすように、張り詰めた弓から勢い良く矢が放たれるように、彼女の中で何かが大きく弾けた。

力強く逞しく。前を行く2頭の間を馬なりのままこじ開けて先頭に立つ。そのまま馬場の二分どころを通って突き抜けると、追い込んできた年下の牝馬たちを封じ込め、全く相手にしない完勝。そのレースぶりには才能だけで走り、ゴール前で尻尾を振ったあの日のあどけない天才少女の姿も、狭間の葛藤にもがき苦しんだ前年の姿も見つからない。ダンスインザムードはもう「淑女」という言葉の似合う落ち着いた大人の女性に変わっていた。

少女はいつか大人になる。

異国の地での経験も、こなしてきたローテーションも、期待されながら繰り返した惨敗も、乗り越えてきたものが他の馬とはまるで違っていた。

葛藤に揺れた4歳を乗り越えた彼女にとって、酸いも甘いもそれらの経験が全て淑女に変わるための大きな糧となった。そうして迎えた桜花賞以来約2年ぶりの待望の勝利は、失いかけていた輝きを取り戻す初代女王としての戴冠だった。

もしこの時の彼女をも天才だと言うのなら、真の天才とは優れた才能を持つ者ではなく「自らに打ち勝つことのできる者」のことを言うのだろうと、私はそう思う。

（秀間翔哉）

牡馬と好勝負してきたタフさで後続の追い込みを退け、桜花賞以来の勝利を飾った。

05年、同年のオークス馬シーザリオがアメリカ遠征を敢行し、GIアメリカンオークスを圧勝してアメリカの関係者を驚愕させた。この勝利は日本のクラシックホースとして海外GI初勝利や日本馬としてアメリカのGI初勝利など歴史に名を刻む偉業だったわけだが、その陰には前年に初めて同レースへの遠征を敢行し、惜しくも2着に敗れたダンスインザムードの功績があったことを忘れてはならない。なお、ダンスインザムード自身は06年にアメリカンオークスに参戦したアサヒライジングの帯同馬として再びアメリカの大地を踏み、今度は見事にGIIIキャッシュコールマイルを制覇、3歳時の雪辱を果たしている。

ダンスインザムード

性別 牝

毛色 青鹿毛

生誕 2001年4月10日〜

父 サンデーサイレンス

母 ダンシングキイ（母父・Nijinsky）

調教師 藤澤和雄（美浦）

生涯成績 6-6-1-12

獲得賞金 5億3887万円

勝ち鞍 桜花賞　ヴィクトリアマイル　フラワーC
キャッシュコールマイル

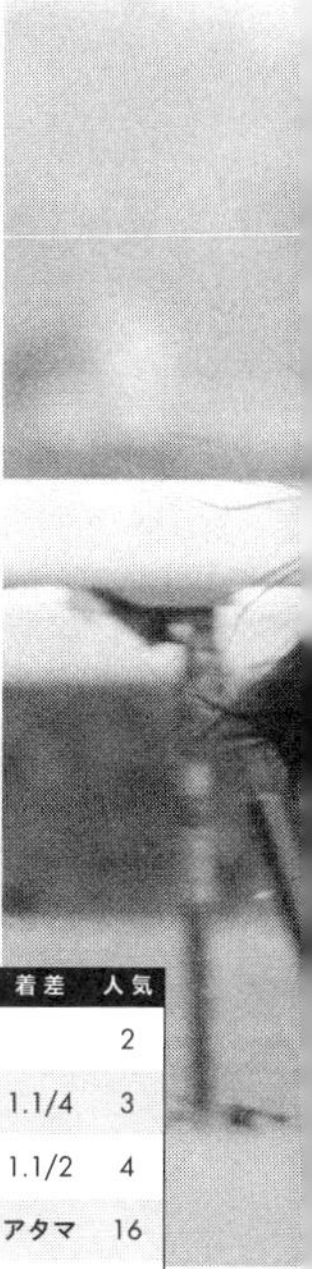

第1回ヴィクトリアマイル（GI）
芝左1600m　曇　稍重　2006年5月14日　11R

着順	枠番	馬番	馬名	性齢	斤量	騎手	タイム	着差	人気
1	1	1	ダンスインザムード	牝5	55	北村宏司	1:34.0		2
2	8	18	エアメサイア	牝4	55	武豊	1:34.2	1.1/4	3
3	7	13	ディアデラノビア	牝4	55	岩田康誠	1:34.4	1.1/2	4
4	3	5	コスモマーベラス	牝4	55	柴田善臣	1:34.4	アタマ	16
5	4	7	アグネスラズベリ	牝5	55	本田優	1:34.5	クビ	7
6	7	15	デアリングハート	牝4	55	藤田伸二	1:34.6	3/4	11
7	5	10	ヤマニンシュクル	牝5	55	四位洋文	1:34.8	1	5
8	7	14	チアフルスマイル	牝6	55	横山典弘	1:34.8	アタマ	9
9	3	6	ラインクラフト	牝4	55	福永祐一	1:34.8	ハナ	1
10	1	2	マイネサマンサ	牝6	55	森下博	1:34.9	1/2	10
11	6	11	ロフティーエイム	牝4	55	安藤勝己	1:34.9	アタマ	8
12	8	16	ヤマニンアラバスタ	牝5	55	江田照男	1:35.0	クビ	6
13	4	8	オーゴンサンデー	牝7	55	後藤浩輝	1:35.0	ハナ	15
14	2	4	スナークスズラン	牝7	55	田中勝春	1:35.4	2.1/2	14
15	2	3	ジェダイト	牝4	55	佐藤哲三	1:35.4	ハナ	17
16	8	17	アズマサンダース	牝5	55	藤岡佑介	1:35.5	クビ	13
17	6	12	ショウナンパントル	牝4	55	吉田豊	1:35.7	1.1/2	18
18	5	9	レクレドール	牝5	55	蛯名正義	1:35.9	1.1/2	12

2006年
オークス

カワカミプリンセス

15年を超えるPOG歴で勝たせてくれた親子のコンビ

1996年の初夏。私が制作していた競馬雑誌の編集者やライター、カメラマンら10数名とPOGを初開催した。玄人の競馬ファンには説明するまでもないが、参加者が所持した10頭の馬の、新馬戦からダービーまでの1年間の賞金額合計がポイントとなる、架空のオーナー遊び。プロ野球のドラフト会議と同じく、参加者が1位から1頭ずつ選んでいく。同じ馬を指名した際はじゃんけんやくじ引きで所有者を決定する。前年95年にジェニュイン（皐月賞）、タヤスツヨシ（日本ダービー）、ダンスパートナー（オークス）、フジキセキ（朝日杯3歳S＝当時）と4頭のGI馬が誕生、翌年もイシノサンデー（皐月賞）とバブルガムフェロー（朝日杯3歳S）がGI制覇を果たしたサンデーの産駒に人気が集中した。

この結果を受けて「馬券と同じく穴をねらうべき」と感じた私は、他の参加者が競い合いそうな注目馬に加え、地味ながら走りそうな穴馬を1、2頭探すようになった。

翌97年、9位でキングヘイローを指名した。父ダンシングブレーヴはこの年の桜花賞馬キヨウエイマーチを出しており、母の父 Halo はサンデーサイレンスの父。同馬はデビューから3連勝で東京スポーツ杯を勝ち皐月賞を2着。ダービーこそ大敗したが、獲得賞金はスペシャルウィークを指名したカメラマンに次ぐ2位。はじめて賞金を手にした。

それから数年、勝ったり負けたりを繰り返しながら、皐月賞が終わると翌年の指名に備えて競走馬の血統表をつぶさに眺めるようになった。血統クロスや兄姉の活躍などを見たうえで、雑誌に掲載された馬体を目にすると、なんとなく馬主の気分を味わうことができる。もちろんそこに馬代金という出費は存在せず、馬をリアルで目にすることもなければ、どこの厩舎に所属するかも不明。所詮は紙上での遊びだが、競馬を勉強する一つのツールになった。

POGを始めて10年目となった05年夏。1頭の馬が気になった。タカノセクレタリーの03。8年前に指名したキングヘイローの仔である。

キングヘイローの産駒は初年度の04年、2歳戦で11勝を挙げ、翌年も26勝を挙げてはいたが、ここまで重賞は未勝利。未勝利は勝つが重賞は…というレベルだったが、一応リストには入れておこう、とファーストリストの30頭に入れておいた。ここからさらに10頭（先に指名されるケースを考えて実際は15～20頭に順位をつける）に絞るわけだが、前年にディープインパクトが三冠馬（指名者は一人勝ち）になるなどサンデーサイレンス産駒が全盛で、気が付けばリストの上位はさほど人気にならなそうなサンデー産駒が占めていた。

1位指名はサンデー産駒キャプテンベガ（母ベガ）だったがじゃんけんで負けたため、フサイチシャナオー（結果1勝）を指名。最終10位でタカノセクレタリーの03を所持した。後にカワカミプリンセスと名付けられたこの馬は、私の見込みをはるかに超える大活躍。新馬戦・君子蘭賞・スイートピーSと3連勝でオークスに出走した。

父キングヘイロー以来、指名馬が8年ぶりのGI出走を果たし、私の胸は高鳴った。賞金が欲しいというよりも、誰も見向きもしなかった人気薄馬でのGI制覇をしたかったのだ。当時、知り合いのリアル馬主さんが「高馬を買うよりも、誰も見向きもしない安馬を探すのが馬主のおもしろさだと思う」と私に語ってくれていた。年に1～2頭しか所有しないその馬主さんは、つぶさに血統を見て兄姉の活躍を調べ、血統クロスを参照し、生まれ月を見て（一般的に2～4月生まれと5・6月生まれでは成績に差が生じる。2、3歳戦は特に顕著）、気になる馬を牧場に見に行っていた。なかなか勝てずにいたが、馬主5年目で1勝すると大喜びで、2勝目を挙げると、どんちゃん騒ぎで酔いつぶれた。

そんな彼の思いを、POGというゲームを通じて少しだけ理解した気になった。

桜花賞1・2着馬のアドマイヤキッスとキストゥヘヴンが1・2番人気の中、カワカミプリンセスは3番人気。「スイートピーS優勝馬はオークスで通用しないよ」というPOG参加者であるデータマニアの言葉通り、スイートピーSを経由したオークス優勝馬は出現したことがない。その言葉が重くのしかかり、「ダメ元」とばかりに単勝を少額買った。

レースはハナを切ったヤマニンファビュルが向正面で後続を10馬身以上離す展開。4コーナーを過ぎて脚色が鈍った同馬を2番手アサヒライジングがかわしにかかるが、その直後でカワカミプリンセスが満を持してスパート。1番人気アドマイヤキッスと桜花賞馬キストゥヘヴンが食い下がるも、前を行くカワカミプリンセスの影は踏めない。一緒にスパートした5番人気のフサイチパンドラ（アーモンドアイの母）がようやく2着。4連勝でオークスを制した鞍上の本田優騎手も驚いていたが、それ以上に私は腰を抜かした。

あれから15年が経ったが、スイートピーS優勝馬のオークス制覇はもちろん、キングヘイロー産駒のクラシック制覇もこの馬のみ。そして私のPOG指名馬のクラシック制覇もカワカミプリンセスのみ。付け加えると、6月生まれのクラシックウイナーも希少価値。データをみるほどに、奇跡が重なった気になる。

この年の牡馬戦線で二冠馬となったメイショウサムソンは誰も指名していなかったため、私は11年目にして初めて優勝できた。数年前まで続けていたPOGで勝ったのは、キングヘイローの97年とカワカミプリンセスの06年のみ。

私はこの親娘に足を向けて寝られない（寝ているが）。


（小川隆行）

逃げ粘るアサヒライジングをとらえ無敗のオークス馬となった名牝。

オークス後、鉄砲で秋華賞に出走、二冠馬となったカワカミプリンセス。続くエリザベス女王杯では 1 位入線も斜行で 12 着降着。このレースがアヤとなったのか、その後重賞を 11 戦するも勝ち星からは見離された。繁殖に上がってから 8 頭の仔を送り出したが、JRA で勝ち星を挙げた馬は初仔のミンナノプリンセス（父コマンズ）のみ。カワカミプリンセスも兄弟姉妹に重賞勝ち馬は出現せず、親仔ともども「奇跡の配合」だったのかもしれない。

カワカミプリンセス

性別 牝

毛色 鹿毛

生誕 2003年6月5日〜

父 キングヘイロー

母 タカノセクレタリー（母父・Seattle Slew）

調教師 西浦勝一（栗東）

生涯成績 5-2-2-8

獲得賞金 3億5089万円

勝ち鞍 オークス　秋華賞

第67回優駿牝馬（GI）
芝左2400m　晴　良　2006年5月21日　11R

着順	枠番	馬番	馬名	性齢	斤量	騎手	タイム	着差	人気
1	5	9	カワカミプリンセス	牝3	55	本田優	2:26.2		3
2	1	2	フサイチパンドラ	牝3	55	福永祐一	2:26.3	3/4	5
3	5	10	アサヒライジング	牝3	55	柴田善臣	2:26.4	クビ	7
4	7	13	アドマイヤキッス	牝3	55	武豊	2:26.6	1.1/4	1
5	3	5	ニシノフジムスメ	牝3	55	藤田伸二	2:26.8	1	6
6	8	17	キストゥヘヴン	牝3	55	安藤勝己	2:26.9	3/4	2
7	7	15	シェルズレイ	牝3	55	岩田康誠	2:26.9	アタマ	11
8	8	16	マイネジャーダ	牝3	55	四位洋文	2:27.1	1.1/2	18
9	1	1	ブルーメンブラット	牝3	55	川島信二	2:27.1	ハナ	8
10	4	8	シークレットコード	牝3	55	G.ボス	2:27.5	2.1/2	13
11	6	11	テイエムプリキュア	牝3	55	熊沢重文	2:27.5	ハナ	10
12	6	12	キープユアスマイル	牝3	55	田中勝春	2:28.4	5	14
13	8	18	ヤマトマリオン	牝3	55	菊沢隆徳	2:29.1	4	9
14	2	3	アクロスザヘイブン	牝3	55	小野次郎	2:29.9	5	15
15	4	7	ユメノオーラ	牝3	55	渡辺薫彦	2:30.1	1	17
16	7	14	ブロンコーネ	牝3	55	吉田豊	2:30.3	1.1/4	12
17	2	4	ヤマニンファビュル	牝3	55	石橋守	2:33.9	大	16
中	3	6	コイウタ	牝3	55	横山典弘			4

2006年
日本ダービー

メイショウサムソン

人馬ともに叩き上げ
寡黙な職人コンビが成し遂げた大仕事

派手なガッツポーズも何もないゴールだった。

騎手デビュー22年目にして摑んだダービージョッキーの称号。そして「メイショウ」の冠でおなじみの松本好雄氏にとっては馬主となって33年目の悲願達成。さらに言えば管理する瀬戸口勉調教師にとっては勇退を前にした最後の日本ダービーでもある。喜びを爆発させたとて、誰からも文句を言われない、いや、むしろ大いに祝福されるであろうシチュエーション。

それでも、石橋守騎手はいつものレースと変わらないゴールを迎えた。白地に黒字のゼッケンだけに「これは平場のレースだったかな?」と勘違いしそうになるくらいだった。メイショウサムソンも同じく、特別なことは何もなかったかのようにクールダウンしていた。それは、石橋騎手とメイショウサムソンの歩んできた道のりそのものをあらわしていた。

よく似た〝ふたり〟だ。

メイショウサムソンは瀬戸口調教師の勧めで松本氏が700万円で購入した馬だった。輝かしい血統もなく調教の動きも目立たずクラシックとは無縁と思われたサムソンは、かつてダービー馬を一頭も生んだことがない小倉でデビューした。初勝利には3戦を要し、未勝利、オープン特別を連勝するものの重賞ではもどかしい競馬が続き、ようやく重賞に手が届いたのはデビュー9戦目のスプリングステークスだった。

一方の石橋騎手も、デビュー戦こそ初騎乗初勝利を飾ったものの重賞勝利には7年を要し、前走の皐月賞がGI初制覇。気づけば、齢四十が間近に迫っていた。メイショウサムソンとの出会いもあらかじめ決められていたものではなく、当時瀬戸口厩舎の主戦だった福永祐一騎手がデビューの週に新潟に遠征していたために起きた、偶然の巡り合わせだった。

サムソンと石橋騎手は、寡黙な職人が目の前の仕事に一つ一つ丁寧に向き合うように一戦一戦ひた向きに走り、着実に力をつけていった。皐月賞では6番人気という伏兵扱いをあざ笑うかのように早め先頭に立って迫ってくるライバル馬を力でねじ伏せた。

そんな〝ふたり〟はようやく主役として認められ、日本ダービーを1番人気で迎える。とはいえ、単勝10倍以内の馬が5頭もいる混戦模様のダービーだった。

メイショウサムソンと石橋騎手は、ダービーを迎えるまで既に10戦を消化していた。一方その半分のわずか5戦のキャリアで登場したのが2番人気のフサイチジャンク。この馬は、当歳時に上場されたセレクトセールで当時の最高取引額3億4650万円という、実にサムソンの50倍もの価格をつけた期待馬だった。続く3番人気には当時既にダービーを4勝していた武豊騎手が鞍上のアドマイヤムーン、4番人気にはトライアルの青葉賞をレースレコードで逃げ切ったアドマイヤメインが続いた。このアドマイヤメインも1億4595万円の高額取引馬である。

前日から降り続いた雨が日曜の午前中には降り止み、稍重発表の馬場でスタートが切られた。蒸し暑い空気と、蹄に絡みつくような芝はサムソンと石橋騎手にとっては好都合のコンディションだったに違いない。レースを先導したのは大方の予想通り、青葉賞を逃げ切っているアドマイヤメインだった。スタート直後にフサイチリシャールに寄られるも半ば強引にハナを主張し、そのままマイペースに持ち込む。

一方のサムソンは上々のスタートから素早く好位のインを確保し、道中は石橋騎手が手綱をグッと絞って折り合いに専念。4コーナーから徐々に外へ持ち出し、直線を向く頃には逃げるアドマイヤメインを射程に捉えていた。

それでもアドマイヤメインの脚色はなかなか鈍らず「この馬さえかわせば…」と、石橋騎手は懸命に鞭を叩いて追いかけた。アドマイヤメインの鞍上は競馬学校同期の柴田善臣騎手で、こちらもダービー初制覇がかかっている。サムソンが火花散るたたき合いを制したのはゴール前およそ100mの地点だった。必死に追っていた石橋だったが、ライバル馬をかわしたあとは「勝負あった」と言わんばかりに手綱を緩めた。わずかクビ差だったが、それ以上の強さを感じさせる力強い走りであった。

そして冒頭のシーンに戻る。

ゴールした石橋騎手は皐月賞に続いてこのダービーでもガッツポーズを見せることなく、馬の首筋を撫でるようなしぐさを見せることもなく、これまで〝ふたり〟で生真面目に戦ってきた他のレースと同じようにゴール後を迎えた。もちろん、ゴーグルをとって観客の波に投げ込むような派手なパフォーマンスもない。

地下馬道を引き揚げていくふたりの背中は、寡黙だが仕事を着実にこなし期待以上の結果を残す、そんな叩き上げの職人の背中のように見えた。勝利騎手インタビューの冒頭、今の気持ちを聞かれた石橋騎手の第一声は「騎手という仕事につけて本当に感謝しています」というものだった。控えめな言葉だったが、競馬の世界で「騎手という仕事」と「競走馬という仕事」を妥協せずに歩んできた〝ふたり〟の生きざまを表わしていたように感じられた。

その後もサムソンは天皇賞・春秋連覇を成し遂げるなど活躍し、生涯獲得賞金は10億を超えた。一方で、件の最高額取引馬フサイチジャンクは1億も稼げずに現役を引退している。瀬戸口調教師はサムソンをして「雑草という言葉がよく似合う馬」と称した。そういう馬がエリート馬を蹴散らす姿は、昔から続く競馬の醍醐味の一つと言える。

（林田麟）

粘るアドマイヤメインをかわすと手綱を抑えた。余裕の勝利にもみえた二冠達成の瞬間。

サンデーサイレンス全盛期において、サンデーの血を一滴も持たずに二冠を制覇。同じくオペラハウス産駒のテイエムオペラオーと比較されることも多いが、オペラオーが平地重賞馬を出せなかったのに対し、サムソンはデンコウアンジュ、フロンテアクイーンといった重賞馬を輩出している。四代母は、*名牝ガーネット。

＊名牝ガーネット　1959年に秋の天皇賞と有馬記念を制した牝馬

メイショウサムソン

性別 牡

毛色 鹿毛

生誕 2003年3月7日〜

父 オペラハウス

母 マイヴィヴィアン（母父・ダンシングブレーヴ）

調教師 瀬戸口勉（栗東）→高橋成忠（栗東）

生涯成績 9-7-2-9

獲得賞金 10億6594万円

勝ち鞍 日本ダービー　皐月賞　天皇賞・春　天皇賞・秋　大阪杯　スプリングS

第73回東京優駿（GI）
芝左2400m　晴　稍重　2006年5月28日　10R

着順	枠番	馬番	馬名	性齢	斤量	騎手	タイム	着差	人気
1	1	2	メイショウサムソン	牡3	57	石橋守	2:27.9		1
2	3	6	アドマイヤメイン	牡3	57	柴田善臣	2:28.0	クビ	4
3	7	15	ドリームパスポート	牡3	57	四位洋文	2:28.3	2	7
4	2	4	マルカシェンク	牡3	57	福永祐一	2:28.3	クビ	5
5	2	3	ロジック	牡3	57	幸英明	2:28.5	1.1/4	11
6	6	12	アペリティフ	牡3	57	和田竜二	2:28.7	1.1/2	13
7	5	10	アドマイヤムーン	牡3	57	武豊	2:28.8	3/4	3
8	4	7	フサイチリシャール	牡3	57	G.ボス	2:29.0	1.1/4	10
9	3	5	トーホウアラン	牡3	57	藤田伸二	2:29.2	1	9
10	5	9	サクラメガワンダー	牡3	57	内田博幸	2:29.2	クビ	6
11	8	17	フサイチジャンク	牡3	57	岩田康誠	2:29.4	1.1/4	2
12	8	18	エイシンテンリュー	牡3	57	蛯名正義	2:29.5	3/4	14
13	4	8	パッシングマーク	牡3	57	北村宏司	2:29.6	3/4	16
14	7	14	ジャリスコライト	牡3	57	横山典弘	2:29.9	1.3/4	8
15	1	1	スーパーホーネット	牡3	57	川田将雅	2:30.6	4	18
16	7	13	トップオブツヨシ	牡3	57	池添謙一	2:30.6	クビ	15
17	8	16	ナイアガラ	牡3	57	小牧太	2:31.0	2.1/2	17
中	6	11	ヴィクトリーラン	牡3	57	安藤勝己			12

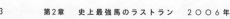

2006年
菊花賞

ソングオブウインド

三冠を阻止した伏兵馬は夏の上がり馬
秋の京都で武幸四郎と奏でた「風の歌」

ディープインパクトが無敗でクラシック三冠を制覇した2005年。そしてその翌年も、続けて三冠馬が誕生する可能性が秋になっても残されていた。メイショウサムソンが皐月賞、日本ダービーを勝利。秋も菊花賞に向かうことが発表され「二年連続の三冠馬」が誕生するのではないかという期待感に包まれていた。

過去にはミスターシービーが牡馬クラシック三冠を達成した翌年にシンボリルドルフが三冠馬となった。両馬がジャパンCで初めての直接対決となった際には、大いに盛り上がった。

そんな歴史が繰り返されるのではないかと多くの競馬ファンが期待を抱いていたこの2006年という年は、年明けの2月にトリノで冬季オリンピックが行われフィギュアスケートの荒川静香選手が金メダルを獲得。年末にはその際に見せた「イナバウアー」という言葉が新語・流行語大賞の年間大賞となった。夏の甲子園では「ハンカチ王子」こと斎藤佑樹投手を擁する早稲田実業が優勝した。そんな、スポーツが盛り上がった年でもあった。

三冠を目指すメイショウサムソンは、夏は放牧には出されず自厩舎で調整され、秋初戦は神戸新聞杯に出走。この年は中京競馬場で行われた菊花賞トライアルで、ドリームパスポートにはクビ差で敗れたものの2着と上々の結果で、本番の菊花賞を迎えることとなった。この神戸新聞杯で先行策の2番手追走から3着に粘り込んだのは、6番人気のソングオブウィンド。夏の福島でのラジオＮＩＫＫＥＩ賞2着に続く重賞での好走。こちらは確実にステップアップをして、菊花賞の出走権を手にしたのだった。

菊花賞はフルゲート*の18頭がエントリー。関西馬13頭、関東馬5頭という顔ぶれとなった。二冠を目指すメイショウサムソンは単勝オッズ2倍ちょうどの1番人気。皐月賞こそ6番人気という評価だったが、「皐月賞馬」として臨んだダービーでは1番人気に応え、そして三冠を期待されているこの菊花賞でも堂々の主役を張ることとなった。鞍上は石橋守騎手。デビューから13戦目となるこの菊花賞も、背中には同じ騎手が乗り続けていた。騎手生活22年目で悲願のＧＩ勝利を挙げたこのコンビでの三冠達成を、多くのファンが期待していた。

相手候補筆頭の2番人気は横山典弘騎手騎乗のドリームパスポート。皐月賞2着、日本ダービー3着と、世代トップの能力があることは間違いない存在。春に大きい勲章を獲ることはできなかったものの、トライアルの神戸新聞杯でメイショウサムソンを下したその勢いも買われていた。

＊フルゲート　最大出走頭数。有馬記念は16頭、日本ダービーは18頭

3番人気はダービー2着馬のアドマイヤメイン。「名手」武豊騎手が騎乗することへの期待も大きかったが、この馬の脚質は逃げ。前に行ける先行力と、最後の最後まで見せる粘り腰で逆転を狙っていた。以下、人気はマルカシェンクにフサイチジャンクと続いた。

レース前の展開予想では、ダービーでもハナを切って逃げたアドマイヤメインが菊花賞でも展開の鍵を握るだろうとされていた。そしてもう1頭、神戸新聞杯で先行したソングオブウインドがどのような位置取りでレースを進めるかも注目を集める。何故ならば、ソングオブウインドの鞍上は武幸四郎騎手。兄が乗るアドマイヤメインとの先行争いをするのか、それとも抑えるレースをするのか…。展開面の不確定要素がさらにレースを盛り上げながら、ゲートが開いた。

兄が騎乗するアドマイヤメインが3枠5番、弟・幸四郎騎手のソングオブウインドは大外18番枠ということで、競り合うこともなくアドマイヤメインがハナに立つ。ソングオブウインドは待機策、後方から2番手の位置まで下げての追走となった。

アドマイヤメインが大逃げをする展開となり、最初の1000mのラップタイムは58秒7。最初の1ハロンこそ12秒台だったが、そこから連続で11秒台のラップを刻むことで後続を大きく引き離すひとり旅となった。人気のメイショウサムソンは4番手を追走。トーセンシャナオーやマンノレーシングといった2番手集団の直後で折り合っていた。残り800mを通過し、そろそろ後続も仕掛け始めた頃、馬群の外目をスッと楽な手応えで上がって来る馬がいた。桃色と白色の染め分けの帽子を身に着けていた、武幸四郎騎手とソングオブウインドのコンビだった。最後の直線に向かうと、ドリームパスポートと馬体を併せて末脚を伸ばしてくる。人気のメイショウサムソンを抜き去ると、今度は逃げ込みを図るアドマイヤメインも一気に飲み込んでいった。

この年の牡馬クラシック最終戦は、ソングオブウインドが勝利。8番人気、単勝は40倍を超える配当だった。この馬の父、エルコンドルパサーは2002年に亡くなっており、この世代が最後の産駒。最後のクラシック制覇のチャンスで見事に勝利したソングオブウインドのこの菊花賞の勝ちタイム3分2秒7は、セイウンスカイが持っていた菊花賞のレースレコードをコンマ5秒更新する好時計だった。

ソングオブウインド自身が使った上がり600mのタイムは33秒5。2000m以上を走ってきて、どこにそんな力が残っていたのか不思議なぐらい、インパクトがある末脚だった。馬名を直訳すると「風の歌」となる。この菊花賞後に聞こえてきた歌は「そよ風」なんてレベルではなく、三冠を狙った人気馬をも吹き飛ばす「強烈な風」の歌だった。

（並木ポラオ）

メイショウサムソンの三冠を阻止したゴール前。多くのファンがため息をもらした瞬間でもあった。

オーナーは一口馬主の社台レースホース。総額 2200 万円で 40 口で募集されていた。デビューから 5 戦はダートを使われ、初勝利は中山競馬場のダート 1800m 戦だった。3 歳時の秋は盛岡で行われるダートの交流重賞のダービーグランプリにも選出されていたが、神戸新聞杯から菊花賞という路線を選んだ。菊花賞後は暮れの香港に遠征。そこで 4 着となった際に故障を発症。香港のレースが現役最後となった。種牡馬入りし中央競馬での重賞勝ち馬は出せなかったものの、アンタレスステークスで 2 着となったアイファーソングが後継種牡馬となり、この馬の系統を残すことが期待されている。

ソングオブウインド

性別 牡

毛色 青鹿毛

生誕 2003年2月20日〜

父 エルコンドルパサー

母 メモリアルサマー（母父・サンデーサイレンス）

調教師 浅見秀一（栗東）

生涯成績 3-4-3-1

獲得賞金 2億1958万円

勝ち鞍 菊花賞

第67回菊花賞（GI）
芝右3000m　晴　良　2006年10月22日　11R

着順	枠番	馬番	馬名	性齢	斤量	騎手	タイム	着差	人気
1	8	18	ソングオブウインド	牡3	57	武幸四郎	3:02.7		8
2	7	13	ドリームパスポート	牡3	57	横山典弘	3:02.7	クビ	2
3	3	5	アドマイヤメイン	牡3	57	武豊	3:03.0	1.3/4	3
4	6	12	メイショウサムソン	牡3	57	石橋守	3:03.4	2.1/2	1
5	7	15	アクシオン	牡3	57	田中勝春	3:03.5	1/2	10
6	5	9	インテレット	牡3	57	藤岡佑介	3:03.5	ハナ	15
7	4	7	マルカシェンク	牡3	57	福永祐一	3:03.8	1.3/4	4
8	1	1	トーホウアラン	牡3	57	藤田伸二	3:03.8	ハナ	6
9	2	4	タガノマーシャル	牡3	57	和田竜二	3:03.9	3/4	14
10	3	6	ネヴァブション	牡3	57	石橋脩	3:03.9	アタマ	12
11	1	2	ミストラルクルーズ	牡3	57	池添謙一	3:04.0	1/2	11
12	7	14	アペリティフ	牡3	57	安藤勝己	3:04.4	2.1/2	7
13	4	8	マンノレーシング	牡3	57	小牧太	3:04.6	1	17
14	8	16	トウショウシロッコ	牡3	57	吉田豊	3:04.8	1.1/4	13
15	5	10	フサイチジャンク	牡3	57	岩田康誠	3:05.0	1.1/2	5
16	6	11	トーセンシャナオー	牡3	57	L.イネス	3:05.1	クビ	9
17	8	17	パッシングマーク	牡3	57	四位洋文	3:05.1	ハナ	18
18	2	3	シルククルセイダー	牡3	57	秋山真一郎	3:05.4	1.3/4	16

コラム
2

座談会

移り変わる競馬界を振り返る

歴史的名馬、ディープインパクトの誕生
インターネット普及と、紙媒体の変化

＊出席者のプロフィールはp.222参照

小川隆行：90年代、ゼロ年代と書籍を出してきたけど、一番思い入れのある馬ってどの馬になる？

和田章郎：好きか嫌いかは別として、ディープインパクトかなぁ。競馬史的には外せない。

緒方きしん：いくら名馬といえど大抵の場合はダービーを獲ったりしてから話題になるイメージがありますが、ディープの場合は相当早い段階から一般メディアも注目していました。

和田：そうなんだよね！　ディープは新馬を勝った時から、武豊騎手が「すごい馬だ！」と言うもんで、注目されていた。あれほど早くから注目を集めた馬もなかなか記憶にないね。トウカイテイオーも早いうちから注目を集めてたけど、それ以来かもしれない。

緒方：ディープに関しては、普段は競馬の話をしない友人からも「すごい馬いるんでしょ」って聞かれるほどでした。

和田：だからこそ、ディープの皐月賞はびっくりした。スタートで躓いて、あわや落馬だもん。あそこでもし落馬してたら、競馬界が変わっていたね…。

小川：ディープなら、一回落馬してもう一度乗ってからでも勝てたかも（笑）。

和田：父のサンデーサイレンスは超一流の種牡馬だったけど、良い産駒が多すぎて逆に「この馬だ！」と言える代表産駒がいないように感じていたから、ほぼ最晩年にディープを出したというのは大きかったよね。これで繋いだ、という感じがあった。

小川：ディープが負けた有馬記念はすごかったね。一瞬、競馬場が無言になった。

緒方：当時、現場の方は「今回は、ディープも危ないぞ」と予期していたんですか？

和田：そんなことは全然なくてね…普通に勝ってくれるでしょう、という空気だった。当時のハーツクライは善戦マンという感じがあったから、勝った時は呆然としたよ。プロの集まる場ですら「ルメール騎手、空気読んでくれよ」という声も聞こえたほど…。

緒方：ディープ引退後は、ウオッカやダイワスカーレットが登場し、牝馬の時代が始まります。ウオッカは64年ぶりの牝馬によるダービー制覇、ダイワスカーレットは37年ぶりの牝馬による有馬記念制覇を達成。随分と競馬界の勢力図が変わりました。

小川：ブエナビスタ、ジェンティルドンナと続いて、アーモンドアイまで登場するもんね。

和田：これは牝馬のケアが発達したところに拠るところも大きいと思う。サプリの発達もそうだし、心身の状態を保つための技術が飛躍的に向上した。

緒方：牝馬特有の難しささえクリアすれば、斤量面など有利な面もありますからね。

和田：アパパネ、アーモンドアイという2頭の三冠牝馬を世に送り出した国枝さんに、何回も「牝馬を扱うコツは？」と聞いてたけど、いつもはぐらかされる（笑）。ただ、国枝さんは「牝馬の方がラクだよ、牡馬の方が気が使うことが多くて…」って言うんだよ。機嫌さえ損ねなければ、というところがあるのかもしれない。

小川：国枝さんは、アーモンドアイでダービー獲りたかっただろうね。結果的にはオークスに向かったけど…。サトノレイナスは2番人気で5着、惜しかった。

緒方：牝馬が強い時代が続いていないながらもダービーを制する牝馬が現れないことを考えると、やはりウオッカは稀代の名牝でしたね。

小川：僕はウオッカの単勝持ってたから、直線は絶叫したなぁ。

緒方：当時、インターネットではウオッカ派とダイワスカーレット派が激しく火花を散らしていた記憶があります。現場の方々は盛り上がっていましたか？

和田：うーん、どちらが強いかという議論はあまりなかった。ただ、自分で自分のことを馬券上手だと思っている人はダイワスカーレットのファンが多かった印象がある（笑）。

緒方：なるほど。戦績が安定していたからですかね？

和田：あとは、本当に強い馬は小回りの中山でも勝ってこそだよね、という意見もあってね…。色々な条件で強かったダイワスカーレットを評価する声は根強いと思う。ジェンティルドンナ・

アーモンドアイ論争のときも、有馬記念の話は出てくる。

緒方：そういう論争って、語り合うと楽しいですよね。ディープというカリスマが出て、ウオッカ・ダイワスカーレット論争と、競馬界がとても盛り上がった時期だと思います。平成だけでも色んな時代がありましたが、小川さんはどの時代が印象的ですか？

小川：今思い返すと、ナリタブライアンの頃が一番競馬がアツい時代だったかなぁ。

和田：それはそうなんじゃないかと思う。緒方さんが生まれた１９９０年には、アイネスフウジンのダービーが19万以上入って、史上最高の入場者数を記録した。そこからすぐに下降線を辿ったわけではなくて、ナリタブライアンの年だって18万人以上だし、ダービー当日に15万人くらいはいるのは当たり前だった。ナリタブライアンの頃が一番アツかったというのは、そうした数字の面からも違和感がない。

緒方：ダービーの入場者数で言えば、19年は約11万人。それでもすごい数字ですが、19万人と比べてしまうと…。ただ、売り上げはそれより少し後の97年がピークで、４兆円を超えています。

和田：競馬っていうのは不景気にもある程度強い業界だから、バブル崩壊後にも結構頑張っていたんだよ。売り上げが落ちたというのは、景気というよりも、競馬界の変化じゃないかな。競馬の中心が人も馬も関西寄りになっていったということも影響しているかも。

緒方：ダービーでも、83年ミスターシービー以降、関東馬が８連勝。しかし91年トウカイテイオー勝利をターニングポイントに関西馬が5連勝と、立場が逆転しました。

和田：競走馬における西高東低時代が始まったのは91年ごろだけど、93年くらいまでは岡部幸雄騎手や柴田政人騎手たちが強い関西馬に乗っていた。

小川：ウイニングチケットのダービーの、政人さんの手綱さばきは今も印象的だよね。

緒方：時代の変化といえば、インターネットの流行によって、専門紙の位置付けも少しずつ変化していますね。

和田：97年に山一證券が倒産して、01年に『ケイシュウ』の中央版が休刊。さらにリーマンショックの年に『ホースニュース・馬』が休刊して、東日本大震災があった2年後に『ダービーニュース』が休刊した。コロナ禍のなか『勝馬』がケイバブックに吸収されたね。

小川：競馬場でも、僕より年配の方が持っていることがほとんど。僕はパドック・返し馬派だから、インターネットでササッと馬の情報が調べられちゃうのは便利ではあるけれど…。

和田：紙は情報の即時性に乏しいからね…。20年3月に、降雪の影響で3レース以降が中止になったことがあった。火曜日に代替開催があったんだけど、専門紙は発行を見送ったんだ。でも、馬券の売り上げは大きくは変わらなかった…。

緒方：それこそ、インターネットで調べて買ったファンが多かったんでしょうね。インターネットが広まり始めた頃、現場の方々は危機感が強かったんでしょうか。

和田：年長者は比較的、相手にしてなかったかなぁ。こんなことやってるんだ、という感じ。動画投稿サイトなんかも、いわゆるテレビの真似事をしたい人の集合体だと思っていた。ただ、今や若い記者はインターネット掲示板の投稿を詳しくチェックしている。本来は空気なんか読まずに、自分が取材したことを自信を持って発信すればいいと思うんだけど、順序が逆になってるように感じられて…。由々しき事態と言えるかも。

小川：それは確かに…。緒方さんも若いから、専門紙はあまり利用しないんじゃない？

緒方：いえ、そんなことはないです！　一人で競馬をやっている時はインターネット利用が多いですが、友人と集まってワイワイ検討する時にはみんなで覗き込める新聞を重宝しますね。

和田：その楽しみ方は驚きだな！　競馬っていうのは一人でも楽しめる娯楽だし、一人でやっている人に寄り添うのが専門紙だと思っていた。どう楽しむのかは、人それぞれだね。

緒方：競馬の楽しみ方はどんどん多様化していますね！　一方で、変わらぬ良さもあります。

和田：当たって失敗して、の繰り返しは競馬の醍醐味だと思う。ゲーム感覚で始めた人が「競馬には攻略法がない」と気が付いた時に、どう感じるかな…。

小川：世の中うまくいくことは滅多にないもんだ、ということを競馬は教えてくれる。人生とは何か…と。そうした一喜一憂に楽しさを見出したら、あとは沼から抜け出せない（笑）。

和田：確かに（笑）。そして、競馬から多くのことを感じ取っていただけたら嬉しいね！

三冠達成能力を持っていた
二冠馬メイショウサムソン

2006年に皐月賞と日本ダービーを制した二冠馬メイショウサムソン。三冠制覇に挑んだ菊花賞は4着に終わり栄光の座を手にできなかったが、今思えば、「三冠馬としての能力を持っていた」と感じずにはいられない。

翌年春の天皇賞を勝っているからだ。

日本競馬において皐月賞とダービーを制した二冠馬は過去16頭おり、そのうち菊花賞に出走して敗れたのはクモノハナ（50年2着）、ボストニアン（53年2着）、コダマ（60年5着）、メイズイ（63年6着）、ミホノブルボン（92年2着）、ネオユニヴァース（03年3着）、そしてメイショウサムソンの7頭。この中で古馬になり春の天皇賞を制したのはメイショウサムソンのみである。菊花賞よりも1F長い3200mを勝ったのだから、三冠達成能力を兼ね備えていたと言っても過言ではないだろう。

なお、菊花賞不出走だった二冠馬8頭（51年トキノミノル、52年クリノハナ、71年ヒカルイマイ、75年カブラヤオー、81年カツトップエース、91年トウカイテイオー、97年サニーブライアン、15年ドゥラメンテ）のうち、春の天皇賞を制した馬は皆無。メイショウサムソンは史上最強の二冠馬かもしれない。

第3章

ダービーを選んだ史上最強牝馬　2007年

2007

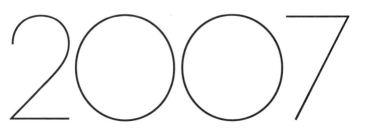

2007年
日本ダービー

ウオッカ

64年ぶりの偉業達成
記憶にも記録にも残る名チャレンジャー

数々の「最強世代」論争がある中で、牝馬の最強世代といえば、ズバリ2007年クラシック世代ではないだろうか。スプリンターズSを制したアストンマーチャン、NHKマイルCを制したピンクカメオ、エリザベス女王杯でブエナビスタを撃破したクィーンスプマンテ、さらにはローブデコルテやエイジアンウインズ、ベッラレイアたち…。そうした輝きを放つ彼女らの中でも一際強い黄金の輝きを放っていたのが、ダイワスカーレットとウオッカである。彼女たちの大きな特徴は、牡馬を相手に互角以上の戦いを繰り広げたこと。その象徴ともいえる一戦が、ウオッカの走った07年ダービーだった。

ウオッカは、父がダービー馬タニノギムレット、母がタニノシスターという血統。半姉・半兄のうち、中央デビューした馬は全て、当時まだ若手だった角居厩舎に預けられていた。両親に「タニノ」冠を掲げる、カントリー牧場ゆかりの血統と呼ぶに相応しい競走馬だった。角居調教師が何度も通ううちに「会う度に順調に成長している馬」と感じたと振り返るように、デビューの頃には494キロという雄大な馬体に恵まれた。

ウオッカはデビュー2戦目こそ取りこぼしたものの、桜花賞までの5戦で4勝。阪神JF含めた4つの白星はいずれも価値あるもので、特に4勝目となったチューリップ賞では素質馬ダイワスカーレットを撃破していたウオッカは牝馬クラシックの主役として人気を集め、世代の頂点すら射程にとらえていた。しかし牝馬クラシック第一弾の桜花賞で、安藤勝己騎手の手腕が光る。道中3番手でレースを進めたダイワスカーレットがウオッカにリベンジを果たしたのだ。ウオッカは2着になり、デビュー以来2敗目を喫する。しかも単なる取りこぼしではなく、真正面からの敗北。桜花賞で勝利しダービーへ乗り込むことを目論んでいた陣営にとって、大きな誤算とも言える黒星だった。

しかし、ウオッカ陣営は、それでもダービーへの挑戦を決定。牡馬に挑戦する道を歩むこととなった。平成でダービーに挑戦した牝馬は3頭。95年の3歳（旧表記）女王・ビワハイジ。06年の2歳女王・ウオッカ。13年の2歳女王・レッドリヴェール。奇しくも3頭とも、一度女王の座につきながらも桜の舞台でライバルに敗れた牝馬だった。まさに10年に1度のレアケース、それが牝馬のダービー挑戦である。事実、ウオッカが制した場合は64年ぶり、戦後初の牝馬のダービー馬誕生という記録もかかっていた。

ウオッカがダービーに向けて調整している中、ダイワスカーレットが感冒のためオークスへの出走を回避。二強不在で、オークスが開催されることとなった。一方でダービーは皐月賞1～4着馬をはじめ多くの有力馬が集結。5戦4勝（重賞3勝）のフサイチホウオー、皐月賞馬ヴィクトリー、2歳王者ドリームジャーニー。ダービー挑戦馬の先輩であるビワハイジの仔アドマイヤオーラはシンザン記念でライバル・ダイワスカーレットを撃破。

1番人気はフサイチホウオー、単勝オッズは1・6倍だった。01年のジャングルポケットから前年06年のメイショウサムソンまで、ダービーでは1番人気が6連勝中。さらに平成に開催されたダービーで単勝1倍台に支持された馬は、トウカイテイオー、ナリタブライアン・ディープインパクト、あとはフサイチホウオーと15年のドゥラメンテのみと、名馬揃いである。対するウオッカは、3番人気（単勝オッズ10・5倍）。ビワハイジが10番人気（単勝オッズ71・8倍）だったことからを考えれば、期待の高さがうかがえるが、差はつけられていた。

皇太子殿下と安倍晋三総理が見守る中、ゲートが開いた。レースを引っ張るかと思われた2番人気ヴィクトリーはスタートがうまくいかず、慌てて2コーナーでポジションをあげる。かわりにアサクサキングスがレースを引っ張り、サンツェッペリンが続いた。中団前目にフサイチホウオー、やや離れてウオッカが追走。直線、逃げるアサクサキングスが絶好の手応えでスパートをかける。後続との差は十分。フサイチホウオーは伸びず、ヴィクトリーも一杯に。しかし一頭、弾けるように突き抜けた馬がいた。ウオッカである。

未来の菊花賞馬アサクサキングスをとらえ、さらに後続を突き放す。

一完歩一完歩が、歴史を塗り替える奇跡へと向かって突き進んでいるようだった。

ゴールとともに、四位洋文騎手が手をあげた。64年ぶりとなる、牝馬によるダービー制覇。偉業が達成された瞬間だった。

ウオッカは歓喜のダービー制覇後、3歳牝馬ながら宝塚記念に挑戦し、8着と敗北。角居調教師は当時のことを、ウマフリで連載していたブログで「ダービーを勝ってからは崩れちゃったというか…それから安田記念を勝つまでは、ちょっと何をして良いものかわからなくなったという感じでした」と振り返っている。ウオッカが1番人気でGⅠを制した最初のレースは4歳の天皇賞・秋とやや遅い。阪神JFでは2戦1勝という僅かなキャリアで4番人気、ダービーで3番人気、ドバイ帰りでヴィクトリアマイルを取りこぼした次走・安田記念では2番人気──。その間にも有馬記念の11着、京都記念の6着など敗北を経験してきた。通算戦績は、国内で22戦10勝、ドバイで4戦0勝。ダービー時点で引退していれば7戦5勝2着2回という綺麗な戦績だったはず。しかしそれを勿体無いとは感じさせない、栄誉の敗北とすら感じられるチャレンジの連続があった。ダービー後も続いた挑戦の歴史こそが、ウオッカの持つ魅力の真髄ではなかろうか。

（横山オウキ）

スタンドに大歓声が沸き起こった牝馬のダービー制覇。人馬はこの後、皇太子殿下に敬礼をした。

ウオッカの挑戦は引退後も続いた。繁殖牝馬としてアイルランドに渡ると、シーザスターズやフランケルといった世界的良血馬・歴史的名馬と配合。産駒の多くは日本でデビューするなど、話題と夢を競馬ファンに提供した。しかし 19 年に、右後肢第 3 指骨粉砕骨折とそれに伴う両後肢の蹄葉炎を発症。無念の安楽死措置となった。ウオッカは有名な*シラオキの牝系で、血統の良さは折り紙つき。種牡馬や繁殖牝馬となった産駒たちに、多くの期待が寄せられている。

＊シラオキ　1949年の日本ダービーを 2 着した牝馬。重賞 7 勝馬コダマや皐月賞馬シンツバメなどの母

ウオッカ

性別 牝

毛色 鹿毛

生誕 2004年4月4日

死没 2019年4月1日

父 タニノギムレット

母 タニノシスター(母父・ルション)

調教師 角居勝彦(栗東)

生涯成績 10-5-3-8

獲得賞金 13億487万円

勝ち鞍 日本ダービー　ジャパンC　天皇賞・秋　安田記念(2勝)
ヴィクトリアマイル　阪神JF　チューリップ賞

第74回東京優駿(GI)
芝左2400m　晴　良　2007年5月27日　10R

着順	枠番	馬番	馬名	性齢	斤量	騎手	タイム	着差	人気
1	2	3	ウオッカ	牝3	55	四位洋文	2:24.5		3
2	8	16	アサクサキングス	牡3	57	福永祐一	2:25.0	3	14
3	7	14	アドマイヤオーラ	牡3	57	岩田康誠	2:25.3	1.3/4	4
4	6	12	サンツェッペリン	牡3	57	松岡正海	2:25.3	クビ	9
5	4	8	ドリームジャーニー	牡3	57	蛯名正義	2:25.4	3/4	8
6	2	4	ゴールデンダリア	牡3	57	柴田善臣	2:25.5	クビ	6
7	7	15	フサイチホウオー	牡3	57	安藤勝己	2:25.5	クビ	1
8	6	11	ナムラマース	牡3	57	藤岡佑介	2:25.6	クビ	10
9	8	17	ヴィクトリー	牡3	57	田中勝春	2:25.8	1.1/4	2
10	8	18	フライングアップル	牡3	57	横山典弘	2:25.8	ハナ	12
11	1	1	タスカータソルテ	牡3	57	武豊	2:25.8	アタマ	7
12	3	6	マイネルフォーグ	牡3	57	川田将雅	2:26.0	1.1/4	18
13	7	13	ローレルゲレイロ	牡3	57	池添謙一	2:26.1	クビ	13
14	3	5	トーセンマーチ	牡3	57	内田博幸	2:26.1	ハナ	15
15	4	7	フィニステール	牡3	57	藤田伸二	2:26.1	クビ	11
16	5	9	ヒラボクロイヤル	牡3	57	武幸四郎	2:26.1	ハナ	5
17	1	2	ゴールドアグリ	牡3	57	勝浦正樹	2:26.1	ハナ	16
18	5	10	プラテアード	牡3	57	北村宏司	2:27.1	6	17

第74回日本ダービー（GI）

芝2400m
2007年5月27日（日）
東京10R

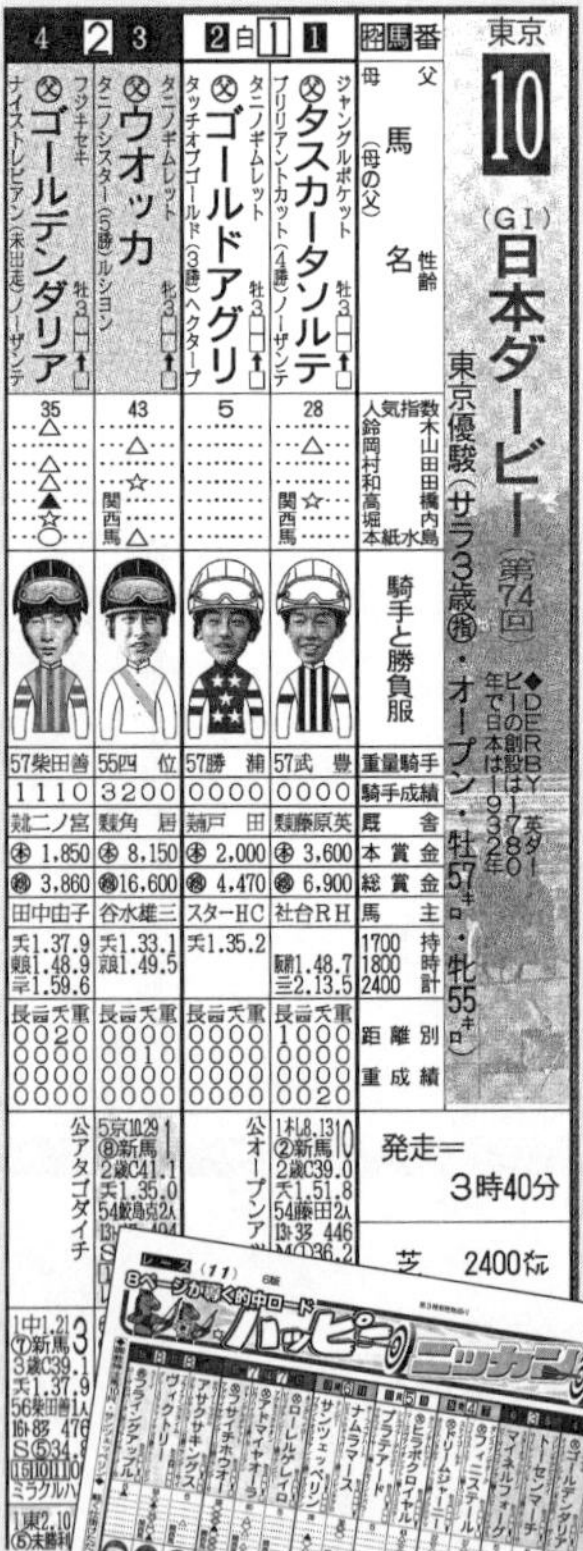

東京 10 （GI）日本ダービー（第74回）
東京優駿（サラ3歳㊈・オープン・牡57キロ・牝55キロ）
◆DERBY（英ダービー）の創設は1780年で日本は1932年

枠馬番	父 / 馬名 性齢 / 母（母の父）	人気指数	重量騎手	騎手成績	厩舎	本賞金	総賞金	馬主	持時計
1 1	ジャングルポケット / タスカータソルテ 牡3 / ブリリアントカット（4勝）ノーザンテースト	28 関西馬	57武 豊	0000	栗藤原英	3,600	6,900	社台RH	1.48.7 2.13.5
1 2	タニノギムレット / ゴールドアグリ 牡3 / タッチオブゴールド（3勝）ヘクタープロテクター	5	57勝 浦	0000	美戸田	2,000	4,470	スターHC	1.35.2
2 3	タニノギムレット / ウオッカ 牝3 / タニノシスター（5勝）ルション	43 関西馬	55四 位	3200	栗角居	8,150	16,600	谷水雄三	1.33.1 1.49.5
2 4	フジキセキ / ゴールデンダリア 牡3 / ナイストゥビーアン（未出走）ノーザンテースト	35	57柴田善	1110	美二ノ宮	1,850	3,860	田中由子	1.37.9 1.48.9 1.59.6

発走＝3時40分
芝 2400メートル

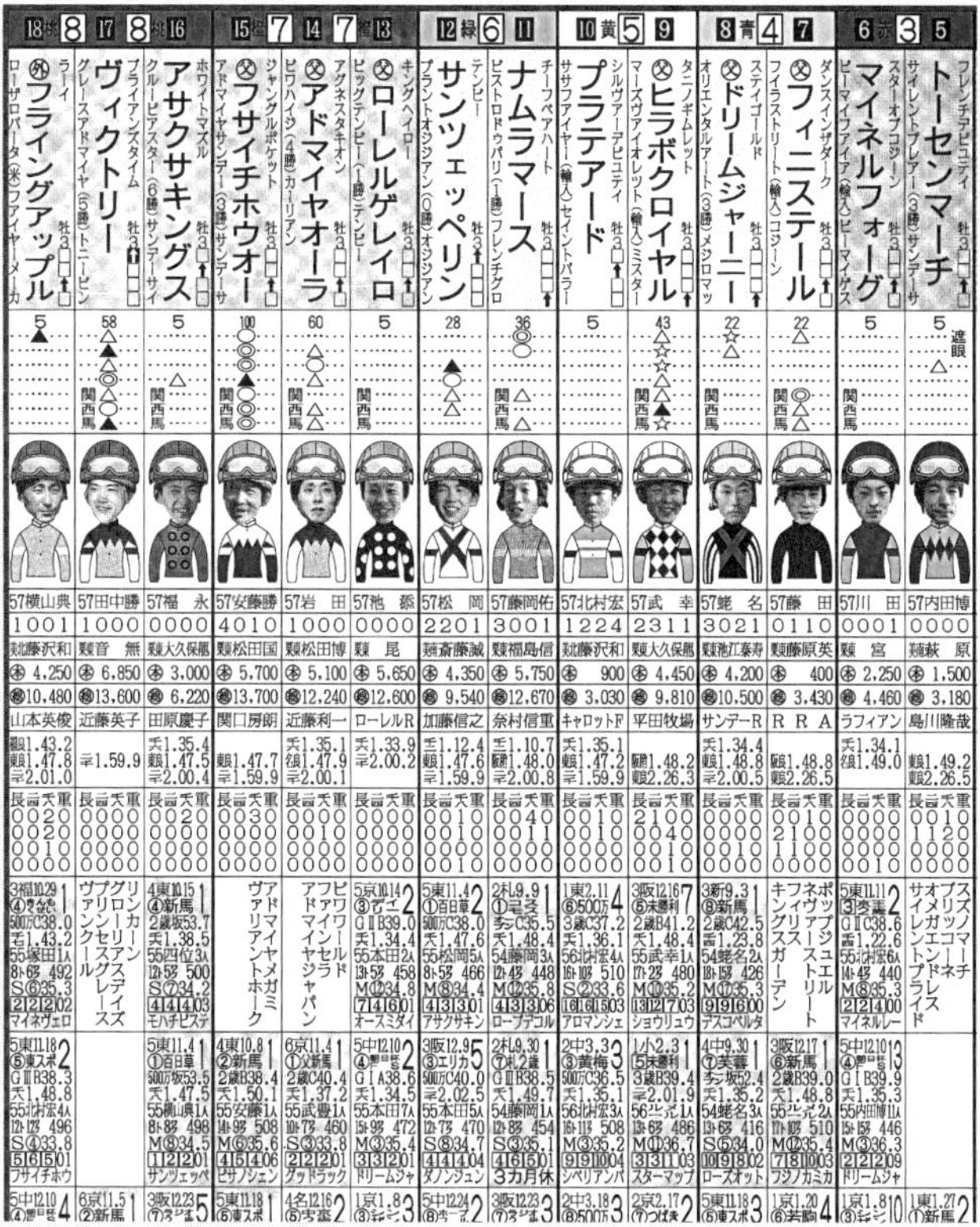

馬番	18	17	16	15	14	13	12	11	10	9	8	7	6	5
枠	8	8	8	7	7	7	6	6	5	5	4	4	3	3
父	ラーイ	ブライアンズタイム	ホワイトマズル	ジャングルポケット	アグネスタキオン	キングヘイロー	テンビー	チーフベアハート	シルヴァーデピュティ	タニノギムレット	ステイゴールド	ダンスインザダーク	スターオブコジーン	フレンチデピュティ
馬名	㊇フライングアップル	ヴィクトリー	アサクサキングス	㊇フサイチホウオー	㊇アドマイヤオーラ	㊇ローレルゲレイロ	サンツェッペリン	ナムラマース	プラテアード	㊇ヒラボクロイヤル	㊇ドリームジャーニー	㊇フィニステール	マイネルフォーグ	トーセンマーチ
母（母父）	ローザロバータ(米)ファイヤーメーカ	グレースアドマイヤ(5勝)トニービン	クルーピアスター(6勝)サンデーサイ	アドマイヤサンデー(3勝)サンデーサ	ビワハイジ(4勝)カーリアン	ビッグテンビー(1勝)テンビー	プラントオジジアン(0勝)オジジアン	ピストロドゥパリ(1勝)フレンチグロ	ササファイヤー(輸入)セイントバラー	マーズヴァイオレット(輸入)ミスター	オリエンタルアート(3勝)メジロマッ	フィラストリート(輸入)コジーン	ビーマイファイア(輸入)ビーマイゲス	サイレントフレアー(3勝)サンデーサ
性齢	牡3	牡3	牡3	牡3	牡3	牡3	牡3	牡3	牡3	牡3	牡3	牡3	牡3	牡3
騎手	57横山典	57田中勝	57福永	57安藤勝	57岩田	57池添	57松岡	57藤岡佑	57北村宏	57武幸	57蛯名	57藤田	57川田	57内田博
成績	1001	1000	0000	4010	1000	0000	2201	3001	1224	2311	3021	0110	0001	0000
厩舎	美藤沢和	栗音無	栗大久保龍	栗松田国	栗松田博	栗昆	美斎藤誠	栗福島信	美藤沢和	栗大久保龍	栗池江泰寿	栗藤原英	栗宮	美萩原
本賞金	4,250	6,850	3,000	5,700	5,100	5,650	4,350	5,750	900	4,450	4,200	400	2,250	1,500
総賞金	10,480	13,600	6,220	13,700	12,240	12,600	9,540	12,670	3,030	9,810	10,500	3,430	4,460	3,180
馬主	山本英俊	近藤英子	田原慶子	関口房朗	近藤利一	ローレルR	加藤信之	奈村信重	キャロットF	平田牧場	サンデーR	R R A	ラフィアン	島川隆哉

日刊スポーツ新聞社

偉業達成を予感している者は多くなかった

オッズ上ではフサイチホウオーの一強だったが、印を見るとそこまで一極集中ではなく、記者たちのなかでは絶対的な存在でなかったことがうかがえる。ただしウオッカも印はそれほど集めず、皐月賞馬ヴィクトリーや青葉賞馬ヒラボクロイヤルらが評価を得ていた。大きく取り上げられているフィニステールは、ダンスインザダーク産駒の青葉賞3着馬。ダービーでは15着と惨敗したが、翌々年の牝馬クラシックで半妹のブロードストリートが中心的な活躍を果たした。

2007年
皐月賞

ヴィクトリー

後続の有力馬を慌てさせた逃げ戦術
人気急落馬がみせたゴール前の粘り

競走馬がレースを迎えるにあたり、切っても切り離せないのがトレーニング＝調教。現在の主流はウッドチップコースや坂路で行うそれだが、レースでも使われているダートや芝。さらには、電線被覆材やポリエステル不織布、ポリウレタン繊維などが混合した物を敷き詰めたポリトラックなど、バリエーション豊富なコースで鍛錬が積まれている。

私は毎週、美浦トレーニング・センターで調教タイムを採りながら動きを注意深く観察しているが、それぞれの厩舎にはパターンがあり、また馬たちにも個性がある。調教でいい走りをする馬のことを我々の業界では〝攻め駆けする〟というのだが、調教の動きが実戦に結びつく馬がいれば、もちろんその逆もいる。後者の方が印象深いのだが、攻め駆けしない馬のなかで最も記憶に残っているのは2007年の皐月賞を制したヴィクトリーだ。

ヴィクトリーの父は、三冠馬ナリタブライアンを筆頭に大舞台で強さを発揮する産駒を送り出したブライアンズタイム。母グレースアドマイヤは、96年のダービー馬フサイチコンコルドの妹で、その仔（＝ヴィクトリーの兄）に06年の日経賞などGⅡ3勝のリンカーンがいる良血馬。この母系を大事に育ててきた近藤英子オーナーの期待を背に2歳11月の京都で初陣を迎えたヴィクトリーは、1番人気に応えてデビュー戦を快勝。続くラジオＮＩＫＫＥＩ杯2歳Ｓは、この世代をリードするフサイチホウオーにクビ差およばず2着に敗れるが、自身もクラシック候補であることをアピールした。

年が明け、予定していた若駒Ｓこそ体調が整わずに回避するが、皐月賞トライアルの若葉Ｓを3コーナー先頭の横綱相撲で完勝。王道ローテーションで結果を出してきたヴィクトリーは皐月賞でも上位人気に推される…と思われたが、蓋を開ければ当日はまさかの7番人気。

これには2つの理由があったと私は考える。まずはジョッキーの乗り替わり。デビューからの2戦は武豊騎手が、そして若葉Ｓでは岩田康誠騎手がヴィクトリーの手綱を取ったが、皐月賞では田中勝春騎手との初コンビ。同騎手は92年、ヤマニンゼファーで安田記念を勝ってからＪＲＡのＧⅠでは2・3着が多く、サクラプレジデントでアタマ差の2着に惜敗した03年の皐月賞ではゴール入線後、優勝の喜びを爆発させたネオユニヴァースのＭ・デムーロ騎手に頭を叩かれるなど大レースで勝負弱いイメージがつきまとっていた。

そしてもうひとつが最終調整。ヴィクトリーは前進気勢が強く、追い切りのときに引っかかって速いペースで飛ばしてしまい、ゴール前で失速するということが多々あった。ただ、皐月賞の最終追い切りはラスト1ハロン14秒5とかなり遅め。調教助手にビシビシ叩かれ、モタモタ走るヴィクトリーの姿を映像で見た私は、のちの皐月賞馬を上位評価から無印へと降格。ちなみにこの年の本命は15番人気のサンツェッペリンだった。

ゲートが開くと、松岡正海騎手が手綱をしごいてサンツェッペリンを馬群の先頭へと導き1コーナーへ入っていくが、走る気に火がついたヴィクトリーが2コーナーの手前で主導権を奪い向正面へ。59秒4の平均ペースで1000mを通過すると、この地点で2番手のサンツェッペリンに3馬身。そこから3番手グループのメイショウレガーロはさらに10馬身ほど離れ、縦長の隊列でレースは進む。人気のアドマイヤオーラとフサイチホウオーは後方でじっくり足をためていたが、こうなると動きにくいのが3番手グループの馬たち。前を走るのは人気薄で、有力馬は自分たちより後ろ。後続の動きを待っているうちに、ヴィクトリーとサンツェッペリンはペースを上げて引き離しにかかる。

すると4コーナー手前。さすがにこれではいけないと判断したメイショウレガーロとアサクサキングスが目標を前へと切り替えて伏兵の2頭へ詰め寄るが、タイミングを逸した追い上げでは少し差を詰めるのが精一杯。中山の急坂を駆け上がる頃にはヴィクトリーとサンツェッペリンのマッチレースとなり、サンツェッペリンが抜け出そうかという勢いで伸びたが、この時にフサイチホウオーが外から猛然と2頭に襲いかかる。「内をかわした」とみたサンツェッペリンの松岡騎手はそちらに視線を移すが、その刹那、ヴィクトリーがもうひと踏ん張りして差し返し、ハナ差だけ先着したところがゴール。そしてこれは、田中勝春騎手がJRAのGI連敗を139で止めた瞬間でもあった。

実はこの日、私は朝の4時から美浦トレセンで調教を見たあと、POG馬でもあったサンツェッペリンを応援するためにその足で中山競馬場へ出向いていた（週末の美浦残りは、調教が終われば業務も終了）。いつもの記者席ではなく観衆に紛れての観戦となったが、パドックでのヴィクトリーは気配抜群で、紙面では軽視したが買い目に足して馬連を的中。ただ、推し馬、推し騎手、推し厩舎の敗戦もまたショック…。複雑な気持ちで競馬場をあとにした。

続くダービーでヴィクトリーは2番人気に支持されるが9着に敗れる。その後、年齢を重ねて調教でも常識にかかった走りを見せた時期もあったが、成績に結びつくことはなく、引退するまでに新たなタイトルを上積みすることはできなかった。ちなみにこの年のダービー馬は、牝馬による東京優駿制覇を64年ぶりに達成したウオッカ。それゆえに07年の皐月賞を低レベルだという声は多いが、調教や展開など競馬の重要な要素が詰まったおもしろいレースだった。この文章を書くために改めて見直したが、後方の馬たちが慌てふためく姿がなんともいえない。私がヴィクトリーの鞍上にいたら、ゴールの瞬間は快哉を叫んでいただろう。

（久保木正則）

2着馬と3着馬の鞍上が「勝ったのは？」と見つめ合ったゴール前。

3歳秋は神戸新聞杯3着と好スタートを切るも菊花賞を16着に敗れるとジャパンC18着、初ダートのフェブラリーSを15着と不調が続き、5歳になってもGIII京都金杯を15着。終わったかと思われたが京都記念3着と巻き返した。しかしこれが最後の好走となり5歳夏に競走馬登録を抹消。種牡馬となったがJRAではわずか2勝（ケンブリッジベスト＝新馬戦、ハヤブサゴッド＝障害未勝利）。14年で種牡馬を引退、乗馬として繋養されていたが17年に急性出血性大腸炎で亡くなった。

ヴィクトリー

性別 牡

毛色 鹿毛

生誕 2004年4月3日

死没 2017年8月3日

父 ブライアンズタイム

母 グレースアドマイヤ（母父・トニービン）

調教師 音無秀孝（栗東）

生涯成績 3-1-2-10

獲得賞金 2億862万円

勝ち鞍 皐月賞

第67回皐月賞（GI）
芝右2000m　晴　良　2007年4月15日　11R

着順	枠番	馬番	馬名	性齢	斤量	騎手	タイム	着差	人気
1	8	17	ヴィクトリー	牡3	57	田中勝春	1:59.9		7
2	5	9	サンツェッペリン	牡3	57	松岡正海	1:59.9	ハナ	15
3	1	1	フサイチホウオー	牡3	57	安藤勝己	1:59.9	ハナ	2
4	7	15	アドマイヤオーラ	牡3	57	武豊	2:00.1	1.1/2	1
5	5	10	メイショウレガーロ	牡3	57	福永祐一	2:00.2	1/2	11
6	1	2	ローレルゲレイロ	牡3	57	藤田伸二	2:00.2	クビ	9
7	6	12	アサクサキングス	牡3	57	武幸四郎	2:00.4	1	6
8	3	6	ドリームジャーニー	牡3	57	蛯名正義	2:00.5	クビ	3
9	8	18	ココナッツパンチ	牡3	57	吉田豊	2:00.5	クビ	4
10	2	3	マイネルシーガル	牡3	57	後藤浩輝	2:00.6	1/2	12
11	4	8	ナムラマース	牡3	57	藤岡佑介	2:00.8	1.1/4	5
12	8	16	フライングアップル	牡3	57	横山典弘	2:01.0	1.1/2	8
13	4	7	サンライズマックス	牡3	57	池添謙一	2:01.1	1/2	13
14	2	4	ブラックシャンツェ	牡3	57	上村洋行	2:01.2	1/2	18
15	6	11	ニュービギニング	牡3	57	四位洋文	2:01.3	1/2	10
16	3	5	フェラーリピサ	牡3	57	岩田康誠	2:01.3	ハナ	14
17	7	13	モチ	牡3	57	川田将雅	2:01.8	3	17
18	7	14	エーシンピーシー	牡3	57	柴田善臣	2:02.1	2	16

2007年
ヴィクトリア
マイル

コイウタ

芸能人馬主の初GⅠ制覇！
鞍上が示した自信通りの勝利

競馬を愛する人なら、誰でも一度は「馬主になりたい！」と思うはず。私のような薄給のサラリーマンには叶わぬ夢だが、だからこそ、それぞれがどのような仕事をされているのか興味が湧く。競馬新聞の馬柱でその名前を見てもわからないことが大半なのだが、調べてみると有名な会社の社長さんだったりする。

ただ、芸能人や著名人のそれはひと目で判別できることが多い（本名や事務所名義の場合もあるが）。最近ではキタサンブラックの北島三郎さんや、プロ野球で活躍した〝大魔神〟こと佐々木主浩さんが大レースで勝利を収めているが、グレード制導入後に初めてGⅠを制した芸能人馬主は、内山田洋とクールファイブのボーカル担当だった前川清さん。2007年のヴィクトリアマイルを勝ったコイウタが同氏の所有馬だった（名義は有限会社前川企画）。

クールファイブの代表曲『恋唄』から名付けられたフジキセキ産駒は05年6月下旬の福島競馬場でデビュー。2戦目で勝ち上がると、9月のカンナSを連勝してオープン入り。京王杯2歳S3着を経て阪神JFへ駒を進めるが、雨の影響を受けた馬場を気にしたか、直線では手応えほど伸びず6着に敗れて2歳戦を終える。

それから休む間もなく、3歳の始動戦に選ばれた菜の花賞を快勝すると、勢いに乗って次戦のクイーンCで重賞初制覇。その後、トライアルを挟まず桜花賞へ出走するが、決め手を欠いて3着に惜敗し、続くオークスでは3コーナー手前で右肩を跛行して競走を中止。ただ、大事には至らず、引き続き競走生活を送ることとなる。

夏を越し、今度こその思いを胸に迎えた秋華賞だったが、ぶっつけ本番になった当日は16キロの馬体増。さらに、1000m通過58秒4の速い流れを2番手で追走したことも影響してか17着に惨敗してしまう。続くオーロCは連対を確保して面目を保ったが、新境地を求めて出走した地方交流のクイーン賞で13着に敗れ06年後半を未勝利で終えると、2番人気に支持された京都牝馬S9着→東風S13着と年が変わっても浮上のきっかけを摑めないまま…。

しかし、春の訪れとともにコイウタの調子は上向いていく。

東風Sから中1週でダービー卿CTに挑んだコイウタは、短いレース間隔にもかかわらず調教でしっかり追われ、オーロC以降では坂路の自己ベストタイムとなる50秒3をマーク。これがレースにも結びつき、ダービー卿CTでは9番人気ながら2着と好走。東風Sからコンビを組んだ松岡正海騎手はこの一戦で手応えを摑み、ヴィクトリアマイルに向けて最終追い切り以外はすべて騎乗し、コイウタはさらに状態を上げる。なかでも、ウッドチップコースで行われた1週前追い切りの動きは素晴らしく、私は本命候補の1頭としてその名を心に留めた。

レース当週の月曜日。松岡騎手から、「今週の万券くん（当時、私が紙面で受け持っていたコラム）はコイウタにしてください！」とメールが届いた。「推奨理由は？」と返信すると「ダービー卿はヴィクトリアマイルを考えて理想的な競馬ができたし、とにかくデキがいい。レースの日は家族を競馬場に呼びます」と自信満々の返事。この一文で本命馬が決まった。

ゲートが開くと、主導権を握ったのはアサヒライジング。前半4ハロン46秒6のスロー寄りの平均ペースで逃げ、コイウタは中団より前のポジションで折り合いをつける。人気を集めたスイープトウショウとカワカミプリンセスはそれより少し後ろの位置でレースを運び、道中は大きな動きもなく長い直線を迎える。

しかし、この年のヴィクトリアマイルはここからのコース取りが明暗を分けることになる。当日の東京競馬場はインコースが荒れていて、それを嫌ったアサヒライジングの柴田善臣騎手は馬場の内側を開けてコーナーを曲がる。これに2番手以降の馬たちも続き、後方にいた有力馬たちはそのさらに外へ進路を取るはめに。対するコイウタの松岡騎手はアサヒライジングの内＝荒れているかそうでないかの境目へ躊躇なく突っ込みラストスパート。コイウタもこれにしっかり反応して加速すると、コースロスが響いた上位人気馬にもう余力はなく、あとは逃げ粘るアサヒライジングをかわすだけ。そして、残り100mでこれを捕まえて先頭に立ち、そこからゴールまでの数秒間、私は記者席の机をバンバン叩いて応援。ゴール後に松岡騎手がステッキを高く掲げて勝利をアピールしたのを見て、「アイツ、本当に勝ちやがった！　スゲエ‼」と感動。彼とは見習い騎手の頃から仲良くさせてもらっているが、坊主頭の少年が時を経て母の日に家族の前でGⅠを勝つ姿は言葉にできないくらい大きく、単勝60・3倍の12番人気と地味な存在だった女の子がパートナーの好リードで持ち前の才能をようやく発揮したこのレースは、3連単220万円を超える大波乱の結末となった。

コイウタはその後、アメリカのキャッシュコールマイルへ遠征するが、鞍上に松岡騎手の姿はなかった。その事を彼に聞くと、「一応、ヴィクトリアマイルまでという約束だったから」と、ちょっと寂しそうに話してくれた。彼はこの1カ月前、デビュー前から牧場でも跨がっていた思い入れの強いサンツェッペリンの皐月賞でハナ差負けを喫しており、その悔しさを晴らす勝利でもあったが、このレースでのコース取りを含め、短い間にジョッキーの明と暗を身近で感じた。不振の時期があったコイウタにとって松岡騎手は〝明〟をもたらしてくれた存在で、彼にとってもヴィクトリアマイルは初めてのGⅠ勝利。あの日、東京競馬場のゴールがいつも以上に輝いていたのは、その明るさのせいだろう。

（久保木正則）

逃げるアサヒライジングを内からかわしたコイウタ。会心の騎乗だった松岡騎手。

コイウタには10頭の兄弟姉妹がおり、コイウタに次いで獲得賞金が高かったのはすみれS、ディセンバーSとオープンを2勝、1億3000万円を稼いだベールドインパクト（父ディープインパクト）。コイウタ自身は8頭の仔を産んでおり、安土城SとタンザナイトSを勝ったミッキーラブソング（父キングカメハメハ　獲得賞金1億5453万円）、マリーンSなどダートを6勝したユラノト（父キングカメハメハ　獲得賞金1億4745万円）と2頭のオープン馬を輩出。同じキンカメ産駒のレリジールダモーレは現2歳。デビューが待ち遠しい。

コイウタ

性別 牝

毛色 栃栗毛

生誕 2003年2月24日〜

父 フジキセキ

母 ヴァイオレットラブ（母父・ドクターデヴィアス）

調教師 奥平雅士（美浦）

生涯成績 5-2-2-12

獲得賞金 2億3629万円

勝ち鞍 ヴィクトリアマイル　クイーンC

第2回ヴィクトリアマイル（GⅠ）
芝左1600m　晴　良　2007年5月13日　11R

着順	枠番	馬番	馬名	性齢	斤量	騎手	タイム	着差	人気
1	2	4	コイウタ	牝4	55	松岡正海	1:32.5		12
2	2	3	アサヒライジング	牝4	55	柴田善臣	1:32.6	1/2	9
3	8	16	デアリングハート	牝5	55	藤田伸二	1:32.6	ハナ	8
4	4	8	キストゥヘヴン	牝4	55	横山典弘	1:32.8	1.1/4	7
5	8	17	ジョリーダンス	牝6	55	安藤勝己	1:32.8	アタマ	5
6	1	2	ディアデラノビア	牝5	55	岩田康誠	1:32.8	ハナ	4
7	7	14	アドマイヤキッス	牝4	55	武豊	1:32.8	ハナ	3
8	6	12	ブルーメンブラット	牝4	55	川島信二	1:33.1	2	15
9	4	7	スイープトウショウ	牝6	55	池添謙一	1:33.2	1/2	2
10	3	6	カワカミプリンセス	牝4	55	武幸四郎	1:33.4	1.1/2	1
11	5	10	アグネスラズベリ	牝6	55	角田晃一	1:33.4	クビ	11
12	3	5	フサイチパンドラ	牝4	55	福永祐一	1:33.5	3/4	6
13	5	9	スプリングドリュー	牝7	55	内田博幸	1:33.6	クビ	14
14	7	15	サンレイジャスパー	牝5	55	佐藤哲三	1:33.8	1.1/2	16
15	7	13	コスモマーベラス	牝5	55	蛯名正義	1:33.9	3/4	10
16	6	11	ソリッドプラチナム	牝4	55	小牧太	1:33.9	ハナ	17
17	1	1	サヨウナラ	牝6	55	中村将之	1:34.0	1/2	18
18	8	18	ビーナスライン	牝6	55	秋山真一郎	1:34.0	クビ	13

2007年
宝塚記念

アドマイヤムーン

不動の王者・武豊にライバル現る
岩田康誠の中央移籍後初GⅠ制覇

1989年、デビュー3年目にして初めて全国リーディングを獲得して以降、長きにわたって中央競馬のトップを独走し続けてきた武豊騎手。数々の最多・最年少・史上初の記録を打ち立ててきたレジェンドの快進撃はとどまるところを知らず、03年から05年にかけては3年連続で年間200勝を達成。他の追随を許さぬ勢いで勝ち星を量産する姿を見る限り、「武豊時代」に終止符が打たれることなど当時の私には想像できなかった。

しかし、長く巨大な勢力を築き上げたあのローマ帝国も終わりを迎えたように、不動の王者にも時代の分岐点が訪れた。07年、ディープインパクトがターフを去り、新たな勢力争いが繰り広げられる中、武豊騎手が古馬中距離戦線でコンビを組んでいたのはアドマイヤムーン。前年春のクラシック戦線から手綱を取り続け、3歳時こそGⅠには手が届かなかったものの、明け4歳のドバイデューティフリーで待望のGⅠ初制覇。そのまま国内外のビッグタイトルを積み重ねていくように思われたのだが、続く香港クイーンエリザベス2世Cでの敗戦を受けコンビを解消。時を同じくして、3歳のクラシック戦線のお手馬アドマイヤオーラの鞍上も交代することとなった。圧倒的な存在感と実績を誇るナンバー1ジョッキーに告げられた有力馬からの降板。ましてやそれがアドマイヤベガやアドマイヤグルーヴらとともに数々の勝ち鞍を挙げてきた近藤利一氏の所有馬であったことは、ファンに大きな衝撃を与えた。

代わって両馬の手綱を取ることになったのが、前年に園田競馬からJRAへの移籍を果たした岩田康誠騎手。園田競馬在籍時から、限られた機会ながら中央競馬にも参戦し、04年にはデルタブルースで菊花賞を制するなど早くから大舞台で結果を残してきた名手である。JRA移籍初年度から126勝を挙げ全国3位に入ると、2年目は年始から武豊騎手・安藤勝己騎手と三つ巴でリーディング争いを展開。そして、アドマイヤムーンとの新コンビで上半期の総決算・宝塚記念に臨むことになったのである。

1カ月前の日本ダービーで歴史的な勝利を収めた牝馬ウオッカの参戦もあって、大変な盛り上がりを見せた春のグランプリ。天皇賞・春を制したメイショウサムソンやマイル王ダイワメジャーと肩を並べる形で、アドマイヤムーンは単勝3番人気の支持を集めていた。一方、己のプライドにかけても黙って引き下がるわけにいかない武豊騎手は、前哨戦の目黒記念を制したポップロックとのコンビで雪辱を期すこととなった。

雨の中で行われたレースは序盤からローエングリンら先行勢が速いペースで引っ張り、4コーナー手前から多くの馬が脱落するほどの消耗戦に。ウオッカもこの厳しい条件で本来の力を発揮できずに苦しむ中、最後の直線入り口で先頭をうかがうのはメイショウサムソン。アドマイヤムーンもそこに応戦する形で並びかけると、さらに外から迫りくる影が——道中からアドマイヤムーンの直後で徹底マークを敷いていた、ポップロックと武豊騎手だった。

迫力満点の攻防はゴール前まで続き、最後は世界を制した豪脚が前年の二冠馬を捕らえアドマイヤムーンが勝利。メイショウサムソンが2着に粘り、そこから少し離れてポップロックが3着。それぞれが死力を尽くした激闘は興奮とともに幕を下ろした。

日本競馬を代表するトップジョッキーからのスイッチという、究極の選択を下したアドマイヤムーン陣営にとっては絶対に負けられない一戦だった。その期待に「テン乗り」*ながら最高の結果で応えた岩田康騎手の手綱さばきは、長らく並び立つ存在すらいなかった武豊騎手にとって強力なライバル登場を予感させるものがあった。

アドマイヤムーンとのコンビでは秋にもジャパンCを制し、年度代表馬にも選出されるほどの活躍を見せた岩田康騎手は、翌年にはGIを4勝とさらなる飛躍を遂げた。単勝11番人気のブラックエンブレムで秋華賞を制するなど、前評判の低い伏兵も勝利に導く勝負強さは圧巻の一言。思い切ってインを突く大胆な戦法はその代名詞となり、GIタイトルを次々と

*テン乗り　騎手が初めて騎乗すること

射止めていった。その後はジェンティルドンナやロードカナロアら歴史的な名馬ともコンビを結成。2000年代後半から2010年代にかけての競馬界をリードするジョッキーの一人へとのし上がっていった。

一方で武豊騎手も、宝塚記念の敗戦後は新たにメイショウサムソンの鞍上に任命され、天皇賞・秋を制覇。翌年はウオッカとも新たにコンビを組み、天皇賞・秋でダイワスカーレットと死闘を演じた末に勝利を収め、全国リーディングの座も死守。迫りくる新たな強敵を相手に一歩も譲らないその姿からは、中央競馬の第一人者としての意地を感じさせた。

それでも、ついに「その時」は訪れた。09年、武豊騎手が全国リーディングから陥落。その牙城を崩したのは、岩田康騎手と同じく地方競馬から移籍してきた内田博幸騎手だった。さらにその翌年は落馬負傷による長期休養もあってリーディング争いからも脱落。永遠に続くのではとさえ思われた「武豊時代」は、こうしてひとつの節目を迎えたのである。

長く競馬を見ているうちに、時代のターニングポイントには何度も遭遇してきた。それらには全く予期せず訪れるものと前兆を感じさせるものがあったが、07年の宝塚記念は吹き荒れる嵐の前ぶれのようなざわめきがあったことを覚えている。何しろ「あの武豊が降ろされた馬が勝ったGIレース」だったのだから。この衝撃の強さは可能な限り克明に、後世に語り継いでいきたいと思う。

（橋本祐介）

宝塚記念で国内GI初制覇を遂げると2走後にジャパンCも制覇。年度代表馬の栄光を手にした。

アドマイヤムーンを語る上で欠かせないのが、「ゴドルフィンへのトレード」である。宝塚記念勝利後、その競走能力と種牡馬としての価値が高く評価され、40億円とも言われる巨額の取引が成立した。見慣れた青と水色の勝負服も装いを新たに、天皇賞・秋からはワインレッドに白の十字たすきのものに変更。続くジャパンCを制し、ダーレー・ジャパン・ファームの期待に応えてみせた。現役時代のイメージとは異なり、種牡馬としては短距離戦・重馬場に強い産駒を数多く輩出。2018年の高松宮記念・スプリンターズSを制し春秋スプリントGI完全制覇を成し遂げたファインニードルもゴドルフィンの所有馬だった。

アドマイヤムーン

性別 牡

毛色 鹿毛

生誕 2003年2月23日〜

父 エンドスウィープ

母 マイケイティーズ（母父・サンデーサイレンス）

調教師 松田博資（栗東）

生涯成績 10-2-2-3

獲得賞金 7億4046万円

勝ち鞍 ジャパンC　宝塚記念　ドバイデューティーF　京都記念
札幌記念　弥生賞　共同通信杯　札幌2歳S

第48回宝塚記念（GI）
芝右2200m　小雨　稍重　2007年6月24日　11R

着順	枠番	馬番	馬名	性齢	斤量	騎手	タイム	着差	人気
1	3	6	アドマイヤムーン	牡4	58	岩田康誠	2:12.4		3
2	8	17	メイショウサムソン	牡4	58	石橋守	2:12.5	1/2	2
3	3	5	ポップロック	牡6	58	武豊	2:12.8	2	4
4	5	9	アドマイヤフジ	牡5	58	福永祐一	2:12.9	クビ	13
5	7	13	ファストタテヤマ	牡8	58	小牧太	2:13.0	1/2	16
6	4	7	カワカミプリンセス	牝4	56	武幸四郎	2:13.2	1.1/2	6
7	4	8	インティライミ	牡5	58	佐藤哲三	2:13.3	1/2	9
8	1	2	ウオッカ	牝3	51	四位洋文	2:14.0	4	1
9	6	12	トウカイトリック	牡5	58	幸英明	2:14.3	2	14
10	2	4	マキハタサイボーグ	セ5	58	和田竜二	2:15.1	5	17
11	8	16	コスモバルク	牡6	58	五十嵐冬樹	2:15.2	クビ	10
12	6	11	ダイワメジャー	牡6	58	安藤勝己	2:15.8	3.1/2	5
13	1	1	スウィフトカレント	牡6	58	横山典弘	2:15.9	1/2	8
14	7	14	シャドウゲイト	牡5	58	田中勝春	2:16.0	1/2	7
15	7	15	アサクサキングス	牡3	53	松岡正海	2:17.3	8	11
16	2	3	マイソールサウンド	牡8	58	角田晃一	2:17.5	1.1/2	18
17	5	10	アドマイヤメイン	牡4	58	川田将雅	2:18.2	4	12
18	8	18	ローエングリン	牡8	58	後藤浩輝	2:20.6	大	15

2007年
有馬記念

マツリダゴッホ

「祭」の主はサンデーサイレンス最後の世代
コース巧者が巻き起こした年の瀬の大波乱

競馬新聞には様々な情報が掲載されているが、どの紙面にも載っているのが「当該競馬場での成績」だ。その日走る競馬場での過去の着順回数は、予想をするうえで参考にするファンも多いのではないだろうか。例えば、平坦コースならどんな競馬場でも力を発揮できる馬も居れば、右回り限定で好走する馬も居て、個性が現れていて興味深く見入ってしまうこともある。

マツリダゴッホは中山競馬場での成績が突出して良い馬だった。引退までの間に13回、中山競馬場でレースに臨んで8勝。2着と3着も1回ずつと、中山競馬場では10回も馬券に絡むほどの「中山巧者」である。

一方、中山とコース形態が似ていると言われる阪神競馬場。右回りで、最後の直線の長さも300mそこそこ。さらにゴール前に急坂という舞台設定は中山競馬場と似ている。しかしマツリダゴッホはGII時代の大阪杯に出走し、7着に敗れている。

中山競馬場の何が気に入っていたのかは、マツリダゴッホ自身に聞いてみないと分からない。もしかすると単純なコース形態ではなく、他の競馬場とは違う何かを感じ取っていたのかもしれない。

そんな中山競馬場を得意としているマツリダゴッホが出走した2007年の有馬記念。いくら中山競馬場が得意といえども、他の実績馬を前にマツリダゴッホは9番人気という低評価だった。

この年の1番人気はメイショウサムソン。前年の皐月賞とダービーを制したクラシック二冠馬であり、この07年も天皇賞を春秋連覇。宝塚記念2着、ジャパンC3着と、古馬中長距離路線を引っ張る存在でもあった。

2番人気はこの有馬記念の1カ月前に行われたジャパンCでアドマイヤムーンの2着となったポップロック。前年の有馬記念ではディープインパクトの2着に食い込むなど、実力は折り紙付き。鞍上が世界的名手オリビエ・ペリエ騎手という点も、ファンからの信頼を得ていた。

3番人気はこの年の日本ダービー馬のウオッカ。64年ぶりに牝馬で日本ダービー勝利という偉業を成し遂げたこの馬も、ファン投票で10万を超える票を集めての出走となった。

結果として、ジャパンCの上位馬が人気を集めることになり、マツリダゴッホの評価は「中山は得意だけど、今回ばかりは相手が強すぎるだろう」というものだった。さらにこの日の馬体重はデビュー以来最高体重となる498キロ。前走の秋の天皇賞からプラス12キロでの出走となっていたのだが、調整が上手くいかず太目残り*ではないか、といった懸念もレース直前には囁かれていた。

前日にフサイチパンドラが出走を取消し、15頭立てとなった有馬記念のゲートが開いた。好スタートを切ったのはダイワスカーレットだったが、外から先頭に立ったのはチョウサン。さらにこの好位グループをサンツェッペリンやマツリダゴッホが追走し、ポップロックとウオッカは7~8番手、メイショウサムソンはさらにその後ろ。ハイアーゲームやドリームパスポートは後方で脚を溜めるという隊列でレースは進んでいった。

レースが動いたのは残り800mとなった2周目の3コーナー過ぎ。人気を集めたメイショウサムソンやウオッカらがポジションを上げようとスパートして最後の直線へ。ところがこれら人気の差し馬勢は外目を回らされることになり先行勢との差が詰まらない。

逃げ馬の直後のポジションにいたマツリダゴッホが直線に向くタイミングで先頭に立った。馬の進路が綺麗に開いて何の不利も邪魔も受けずにトップスピードで直線に入ったマツリダゴッホの脚は衰えることなく後続を離していく。人気馬は前まで届きそうになく、先行したダイワスカーレットとダイワメジャーの兄妹が2着3着争いをしているその先でマツリダゴ

*太目残り　ベストの体重より重い状態のこと

ッホが先頭でゴールを通過していた。ゴール後、鞍上の蛯名騎手は右手を大きく挙げて勝利をアピール。単勝払戻しは５２３０円。これは91年のダイユウサクに次ぐ有馬記念史上２位の高額配当となり、３連単の配当は80万円を超える大波乱。的中した人にとってはまさに「派手なお祭り」となった。

02年８月にサンデーサイレンスがこの世を去ったため、このマツリダゴッホが生まれたのと同じ03年生まれがサンデーサイレンス産駒「最後の世代」であった。そしてマツリダゴッホが有馬記念を勝利したことで、サンデーサイレンス産駒は全世代の牡馬でＧⅠ制覇という偉業を成し遂げることになった。

そんな有馬記念の表彰式には、オーナーも生産者も不在という珍しい光景が広がっていた。当初オーナーは競馬場に行く予定だったが体調不良で自宅観戦に切り替え、「オーナーが競馬場に行くと聞いていたので」と生産者の岡田スタッドの関係者も自宅で応援となっていた。得てしてそんな時ほど好結果が生まれてしまうのも、競馬の面白いところかもしれない。

レース後のインタビューで、アッと言わせましたね？　とインタビュアーから話を振られると蛯名騎手は「僕が『あっ』と言っちゃいました。まさか勝つとは…」と満面の笑みで答えた。そして有馬記念直後の最終レース、ハッピーエンドカップも３番人気馬で勝利し、この日４勝の固め打ち。蛯名騎手の「祭り」は有馬記念の後もまだ続いていた。

（並木ポラオ）

4コーナーでで先頭に立つと、他馬の追撃を許さない圧勝劇だった。

「中山マイスター」と呼ばれるほど相性が良く、オールカマーは2007年から2009年まで3連覇を達成。有馬記念を勝った後に出走した08年は59キロ、3連覇を成し遂げた09年は58キロと重い斤量を背負いながら勝ち切った。09年の有馬記念7着を最後に種牡馬入り。初年度から100頭以上の繁殖牝馬を集めた。産駒の初勝利は父が苦手とした東京競馬場でマイネルギャルソンが挙げたものだった。その後も重賞の勝ち馬を複数輩出。父が得意とした中山競馬場ではロードクエストが京成杯オータムハンデを勝っている。

マツリダゴッホ

性別 牡

毛色 鹿毛

生誕 2003年3月15日〜

父 サンデーサイレンス

母 ペイパーレイン（母父・Bel Bolide）

調教師 国枝栄（美浦）

生涯成績 10-2-1-14

獲得賞金 6億5013万円

勝ち鞍 有馬記念　日経賞　オールカマー（3勝）　AJCC

第52回有馬記念（GI）
芝右2500m　晴　稍重　2007年12月23日　9R

着順	枠番	馬番	馬名	性齢	斤量	騎手	タイム	着差	人気
1	2	3	マツリダゴッホ	牡4	57	蛯名正義	2:33.6		9
2	4	7	ダイワスカーレット	牝3	53	安藤勝己	2:33.8	1.1/4	5
3	2	4	ダイワメジャー	牡6	57	M.デムーロ	2:34.2	2.1/2	6
4	4	8	ロックドゥカンブ	牡3	53	M.キネーン	2:34.3	クビ	4
5	3	6	ポップロック	牡6	57	O.ペリエ	2:34.5	1.1/4	2
6	1	2	ドリームパスポート	牡4	57	高田潤	2:34.8	2	7
7	3	5	レゴラス	牡6	57	柴田善臣	2:35.1	2	15
8	1	1	メイショウサムソン	牡4	57	武豊	2:35.2	3/4	1
9	6	12	インティライミ	牡5	57	福永祐一	2:35.3	クビ	8
10	6	11	コスモバルク	牡6	57	松岡正海	2:35.6	2	12
11	8	16	ウオッカ	牝3	53	四位洋文	2:35.7	クビ	3
12	7	13	デルタブルース	牡6	57	川田将雅	2:35.7	クビ	10
13	8	15	チョウサン	牡5	57	横山典弘	2:36.3	3.1/2	11
14	7	14	ハイアーゲーム	牡6	57	C.ルメール	2:36.6	1.3/4	13
15	5	9	サンツェッペリン	牡3	55	北村宏司	2:37.4	5	14
取	5	10	フサイチパンドラ	牝4	55	藤田伸二			

コラム 3

馬主の経済学と成功確率

競馬ファンならだれもが憧れる馬主だが、成功する確率は天文学的な数値。たぐいまれなる成功を収めた二人の馬主の凄さとは――。

「自分が名付けた馬が1着でゴールを駆け抜ける。あの瞬間が何よりも嬉しいんです」

個人馬主であるAさんはこう語った。馬主になって15年以上。いまだに少年のように瞳を輝かせながら愛馬のレースを見つめている。「今週の新馬戦に出ます！」と連絡をもらうと、筆者も自分の馬のような感覚に襲われ、無我夢中で応援してしまう。

しかし。年に1～3頭ほどの所有であるAさんは、愛馬の勝利を5年以上味わっていない。所有馬の平均価格は100～300万円。「走る価格ではない」のは明らかで、厩舎や騎手もリーディング中位以下だ。

「1頭あたりの預託料は平均して月60万円。JRAの出走手当てが43万円（配分は80％）なので、月に2走で元が取れます。ここに本賞金や出走奨励金などが着順に応じてもらえるため、マイナスを少なくするには、丈夫で堅実に走ってくれるのが一番です」

40数頭を所有してきたAさんの、競馬における収支を尋ねると「最初はオープン馬を所持できてプラスだったけど、10年目を過ぎてからはマイナス街道一直線（笑）」とのことだ。

年間に生産される約7千頭のうち、収益がマイナスにならない馬（目安として2勝以上）は約6頭に1頭程度。確率にして10〜15％。「購入価格1000万円で倍の2000万円を稼ぐ、つまり回収率が200％になるような馬は千頭ぐらい」とAさん。

さらに、年間に生産される7千頭強の競走馬のうち、ダービーを勝つ馬は1頭のみ。これはもう、砂漠で宝石を探すようなもの。Aさんのように年間所有頭数が1頭の場合、GI馬を所有するなど天文学的確率だ。

難易度の高いダービー馬を4頭も所有したのが金子真人さんである。キングカメハメハに始まりディープインパクト、マカヒキ、ワグネリアン。この4頭を含めて所有したGI馬は14頭。JRAの重賞勝ち鞍は100勝の大台に達している。

凄まじい結果である。これはもう、資金力という言葉では片づけられない。馬を見る眼＝相馬眼は、ほかの馬主が持たない「何か」をもっている。

「伝え聞いた話だけど、金子さんは、馬を見るときの目線が、僕らとはまるで違うらしい。馬体と同時に馬の目を見つめ、そのときに感じた直感を大事にしている、とね」（Aさん）

2002年。ディープインパクトがセレクトセールに出品された際、金子さんは7000万円で競り落とした。この年上場されたサンデー産駒は14頭おり、ディープの落札価格は上から9番目だった。「小さい馬だったけど、ディープの瞳に吸い込まれそうになったと金子さんは語ってたね」（Aさん）

7000万円で購入された同馬はGIを7勝。14億円超の賞金を獲得し、さらには種牡馬として日本一の成功を収めている。引退の際に100億円で購入したい、との話を金子さんは拒否したそうである。

10年後、ディープインパクト産駒の入着賞金は国内だけで675億円にも達した。それればかりか、競馬の先進国であるアメリカやヨーロッパ、オーストラリア、アイルランドなどの諸外国も、ディープの血を求めて産駒を輸入しはじめた。イギリスのGIを2勝したサクソンウォリアーや、21年の凱旋門賞に出走したGI・3勝馬スノーフォール、仏オークス馬ファンシーブルー、豪州のGI馬フィアースインパクトなど、ディープの仔が次々とGIを勝っている。ディープのみならずキングカメハメハやクロフネ、さらには2頭の結晶であるソダシ。別格中の別格の馬主さんだ。

馬主としてもう一人、大成功を収めているのが大魔神・佐々木主浩さん。所有馬25頭中GI馬が3頭。6頭が1億円以上を稼ぎ、地方も含め未勝利に終わった馬は2頭しかいない。14年以上の馬主歴で獲得した賞金は26億円にも及んでいる。この「好走率」もすさまじい。

最後にAさんが、馬主を続ける理由を語ってくれた。

「金子さんや佐々木さんのようになりたいと思うけど、正直、僕を含めて多くの個人馬主にとって、成功するのは夢のまた夢かもしれない。使える金額にも限りがあるし、いい馬を手にする確率を高めるには、今の時代、セレクトセールで購入するのが一番だとは思う。でもそれはさすがに無理。安いけどいい馬だ、と感じた愛馬が活躍してくれる。そんな夢を追いかけ続けているんだ」

（小川隆行）


金子真人氏が所有したGI馬・獲得賞金ランキング　2021年10月17日現在

馬名	戦績	GI勝ち鞍	獲得賞金
ディープインパクト	14戦12勝	クラシック三冠　天皇賞・春　宝塚記念 ジャパンC　有馬記念	14億5455万円
カネヒキリ	23戦12勝	JDD　ダービーGP　JCD 2勝 フェブラリーS　東京大賞典　川崎記念	8億1629万円
ラブリーデイ	33戦9勝	宝塚記念　天皇賞・秋	7億9819万円
ブラックホーク	28戦9勝	スプリンターズS　安田記念	6億5267万円
マカヒキ	23戦5勝	日本ダービー	5億6209万円
アパパネ	19戦7勝	牝馬三冠　Vマイル	5億5859万円
ワグネリアン	15戦5勝	日本ダービー	5億1243万円
ユートピア	31戦8勝	全日本2歳優駿　ダービーGP マイルCS南部杯2勝	4億8072万円
トゥザヴィクトリー	21戦6勝	エリザベス女王杯	4億7762万円
キングカメハメハ	8戦7勝	NHKマイルC　日本ダービー	4億2973万円
クロフネ	10戦6勝	NHKマイルC　ジャパンCダート	3億7023万円
ソダシ	7戦6勝	阪神JF　桜花賞	3億3714万円
アカイトリノムスメ	7戦4勝	秋華賞	2億2268万円
ピンクカメオ	21戦4勝	NHKマイルC	1億8019万円

ルメールの2倍を誇る
レジェンド武豊のGI勝利数

2021年の宝塚記念をクロノジェネシスで制したルメール騎手。これでJRAのGI勝利数が39勝となり、歴代2人目の40勝に王手をかけた。達成は時間の問題だと思われるが、それはさておき。

グレード制導入後の騎手別GI勝利数ベスト20（JRA開催レースのみ。21年スプリンターズS終了現在）は次の通りだ。

武豊 77勝	C・ルメール 39勝	M・デムーロ 33勝	福永祐一 30勝
横山典弘 26勝	蛯名正義 26勝	池添謙一 26勝	岩田康誠 25勝
岡部幸雄 24勝	安藤勝己 22勝	川田将雅 18勝	南井克己 16勝
藤田伸二 16勝	四位洋文 15勝	河内洋 14勝	的場均 13勝
田原成貴 12勝	O・ペリエ 12勝	内田博幸 12勝	角田晃一 10勝

トップの武豊はルメールの約2倍である。一番最近のGI勝利は19年の菊花賞（ワールドプレミア）。ここ数年はGI未勝利の年も珍しくなく、かつての「武豊人気」は「ルメール人気」に替わってしまったが、騎手人生35年目を迎えて現状の成績を残しているのは驚異的。夢である凱旋門賞制覇を目指して、残りの騎手人生を頑張ってほしいものである。

第4章

夢の扉を開けた天才牝馬

２００８年

2008

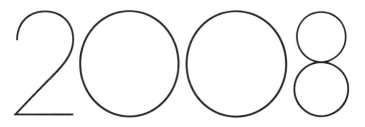

2008年
有馬記念

ダイワスカーレット

美しく、気高く、そして神々しく
信念の逃げで37年ぶりの快挙達成

21世紀は、女性の時代だと言われる。

それは、これまでの歴史において虐げられてきた女性が、その権利と尊厳、そして輝きを取り戻す時代。女性の権利回復、あるいはその尊厳を守るための多くの社会運動などが巻き起こり、それは世界的な潮流となっている。

競馬が社会の縮図なのか、社会が競馬の縮図なのか。その時代の潮流は、競馬においても同じように、大きなうねりを巻き起こしていく。21世紀に入り歴史的名馬と称されるような牝馬が、世界各地で同時多発的に現れ、時代を象徴していった。

欧州ではザルカヴァが3歳牝馬として26年ぶりに2008年の凱旋門賞を制し、アメリカではレイチェルアレクサンドラとゼニヤッタが09年、10年と続けてエクリプス賞年度代表馬に輝き、また豪州ではブラックキャビアが09年のデビューから25戦全勝という途方もない記録を打ち立てた。その潮流は日本においても例外ではなく、97年の天皇賞・秋を制したエアグルーヴを嚆矢《こうし》として、牡馬に混じっても一線級の活躍をする牝馬が目立つようになる。

04年に生を受けたダイワスカーレットもまた、その大きな時代のうねりとともに現れた。父は、幻の三冠馬とも称されたアグネスタキオン。母は、GI・5勝のダイワメジャーをはじめ、多数のオープン馬を産んだ名牝、スカーレットブーケ。その選良たちの血を受け継いだダイワスカーレットは、同世代のウオッカと名勝負を繰り広げながら、時代を彩っていく。

そのウオッカとの直接対決を制した、07年の桜花賞と秋華賞。エリザベス女王杯で古馬牝馬を歯牙にもかけず、さらに有馬記念では歴戦の古馬を相手に連対。明けて4歳となった08年は、怪我により春の海外遠征を断念するも、天皇賞・秋ではウオッカ、ディープスカイと競馬史に残る名勝負を繰り広げる。そして迎えたのが暮れのグランプリ、有馬記念だった。

年の瀬も押し迫った08年12月28日、中山競馬場。

やわらかな冬の日差しに照らされた3コーナー奥で、有馬記念のゲートが開く。

外の13番枠から出た1番人気のダイワスカーレットは、スタートからの一、二完歩で半馬身ほど前に出る。鞍上の安藤勝己騎手は、そのまま内ラチ沿いに導き先頭を確保する。

正面スタンド前、2馬身ほどのリードを保って13頭を率いるダイワスカーレット。番手*にはカワカミプリンセスと、GI・4勝の実績のあるメイショウサムソンと武豊騎手、そして前年の菊花賞馬アサクサキングスと四位洋文騎手が追走。2番人気に支持された前年の覇者

＊番手　ハナに立った馬の直後＝2番手につけること

マツリダゴッホ、そして前走ジャパンCを制していたスクリーンヒーロー、あるいはアルナスラインといった上位人気勢は後方集団を形成し、ドリームジャーニーは最後方からといった態勢。

安藤騎手は絶妙な手綱捌きでダイワスカーレットの行く気を尊重しながら、それでいて規律を保って、その進路を導いていく。向こう正面に入り、再び冬の陽光を浴びて躍る栗毛の馬体。淡々としながらも、淀みのない厳しいペースでの逃げ。ダイワスカーレットの作り上げたレースだった。

逃げ、というのは不思議なものだ。競馬における脚質とは、他馬との関係性の中で決まるものだが、唯一、逃げだけが絶対的な主体性を持つ。ダイワスカーレットと安藤騎手の逃げは、メッセージ性にあふれていた。テン*が速いから、他馬を怖がるから、牝馬だから、という意味の逃げではなく、「ダイワスカーレットだから」という信念に満ちた走り。

師走の夕陽に照らされながら先頭をゆく栗毛は、美しく、そしてどこか神々しかった。

レースは早くも3コーナーを迎え、後続馬が差を詰めていく。ラスト・ランとなっていたメイショウサムソンと武豊騎手が、先頭のダイワスカーレットに並びかけようと仕掛け、さらにアサクサキングス、フローテーション、そして捲ってきたマツリダゴッホ、スクリーンヒーローあたりも勝負をかけ動いていく。しかし、安藤騎手の手綱は微塵も動いていない。

＊テン　最初のこと。テンの半マイル＝前半800ｍ

ダイワスカーレット先頭のまま直線を向き、ようやくGOサインを出す安藤騎手。まるで、ここまでのレースが序章に過ぎなかったかのように、伸びるダイワスカーレット。2000mを走破した先に迎える中山の急坂をものともせず、確かな脚でゴールへと伸びる。4コーナーで差を詰めた後続馬は、それに並びかけることもできず、潰れて後退していく。

ゴール板よりもかなり前で、安藤騎手はステッキを持った右手を上げた。

牝馬による有馬記念制覇は、71年のトウメイ以来37年ぶりだった。さらに1番人気を背負っての勝利は、史上初の快挙。2着には道中最後方から追い込んだ14番人気のアドマイヤモナーク、中団から脚を伸ばしたエアシェイディが3着、さらに同じく追い込んだドリームジャーニーが続いて入線した。一方、4コーナーでダイワスカーレットを捕まえに行った有力馬たちは、軒並み潰されて掲示板を外す形となった。それが、ダイワスカーレットの底知れない強さを際立たせていた。牡牝という性別を超えた、ダイワスカーレットという個の輝き。その気高くも美しい強さに、暮れの中山を埋めた大観衆は、大きな拍手と称賛を送った。

女性の世紀。時が流れても、21世紀がそう記憶されるのであれば。

――それは、一人一人の女性が、自分らしく輝いた時代として、記憶されるのかもしれない。誰にも媚びず、誰にもおもねらず、誰にも委ねず、ただ、自分らしく。美しく、気高く、そして神々しく逃げ切った、あの08年有馬記念の、ダイワスカーレットのように。

（大嵜直人）

ハナに立って一人旅。有馬記念で不利とされる８枠での勝利。２着は最低人気のゾロ目決着。

07年の有馬記念では半兄のダイワメジャーと２、３着だったように、数々の活躍馬を輩出している一族。多くの怪我に見舞われつつも、デビューから引退までコンビを務めた安藤勝己騎手とともに、現役12戦全て連対という偉業を達成した。ダート戦への参戦プランも浮上していたように、まだまだポテンシャルを秘めていたであろう名馬。繁殖としては10頭連続で牝馬を出産するという珍事も。配合相手はチチカステナンゴやノヴェリスト、エンパイアメーカーなど多種多様で、今後牝系が大いに広がることに期待が高まる。

ダイワスカーレット

性別　牝

毛色　栗毛

生誕　2004年5月13日〜

父　アグネスタキオン

母　スカーレットブーケ（母父・ノーザンテースト）

調教師　松田国英（栗東）

生涯成績　8-4-0-0

獲得賞金　7億8668万円

勝ち鞍　有馬記念　桜花賞　秋華賞　エリザベス女王杯
産経大阪杯　ローズS

第53回有馬記念（GI）
芝右2500m　晴　良　2008年12月28日　10R

着順	枠番	馬番	馬名	性齢	斤量	騎手	タイム	着差	人気
1	8	13	ダイワスカーレット	牝4	55	安藤勝己	2:31.5		1
2	8	14	アドマイヤモナーク	牡7	57	川田将雅	2:31.8	1.3/4	14
3	4	6	エアシェイディ	牡7	57	後藤浩輝	2:31.9	3/4	10
4	7	11	ドリームジャーニー	牡4	57	池添謙一	2:31.9	ハナ	7
5	5	8	スクリーンヒーロー	牡4	57	M.デムーロ	2:32.0	クビ	3
6	5	7	アルナスライン	牡4	57	O.ペリエ	2:32.2	1	5
7	1	1	カワカミプリンセス	牝5	55	横山典弘	2:32.5	2	6
8	6	9	メイショウサムソン	牡5	57	武豊	2:32.5	ハナ	4
9	4	5	フローテーション	牡3	55	C.ルメール	2:32.7	1.1/4	8
10	2	2	ベンチャーナイン	牡3	55	柴田善臣	2:32.7	クビ	13
11	3	3	コスモバルク	牡7	57	松岡正海	2:32.8	1/2	12
12	6	10	マツリダゴッホ	牡5	57	蛯名正義	2:33.1	1.3/4	2
13	3	4	エアジパング	セ5	57	藤田伸二	2:33.9	5	11
14	7	12	アサクサキングス	牡4	57	四位洋文	2:34.3	2.1/2	9

第53回有馬記念（GI）

芝2500m
2008年12月28日（日）
中山10R

中山 10 （GI）有馬記念（第53回） JRAプレミアムレース（サラ3歳上㊢・オープン・国際・定量）
◆ありまきねん ファン投票選出馬中心の競走。有馬頼寧氏を記念

番	馬名	父 / 母（母の父）	性齢	重量騎手	騎手成績	厩舎	本賞金	総賞金	馬主	持時計
1	カワカミプリンセス	キングヘイロー / タカノセクレタリー（0勝）シアトルス	牝5	55横山典	0200	西浦	8,125	29,000	三石川上牧	1800 1.45.6 / 2000 1.58.2 / 2500 2.26.2
2	ベンチャーナイン	エイシンサンディ / グラッドハンド（1勝）コマンダーイン	牡3	55柴田善	0000	小桧山	2,150	6,610	本杉芳郎	1.47.7 / 2.01.5 / 3.06.6

人気指数 木山 木田 橋本 島 鈴岡 高和 高山 本紙 水

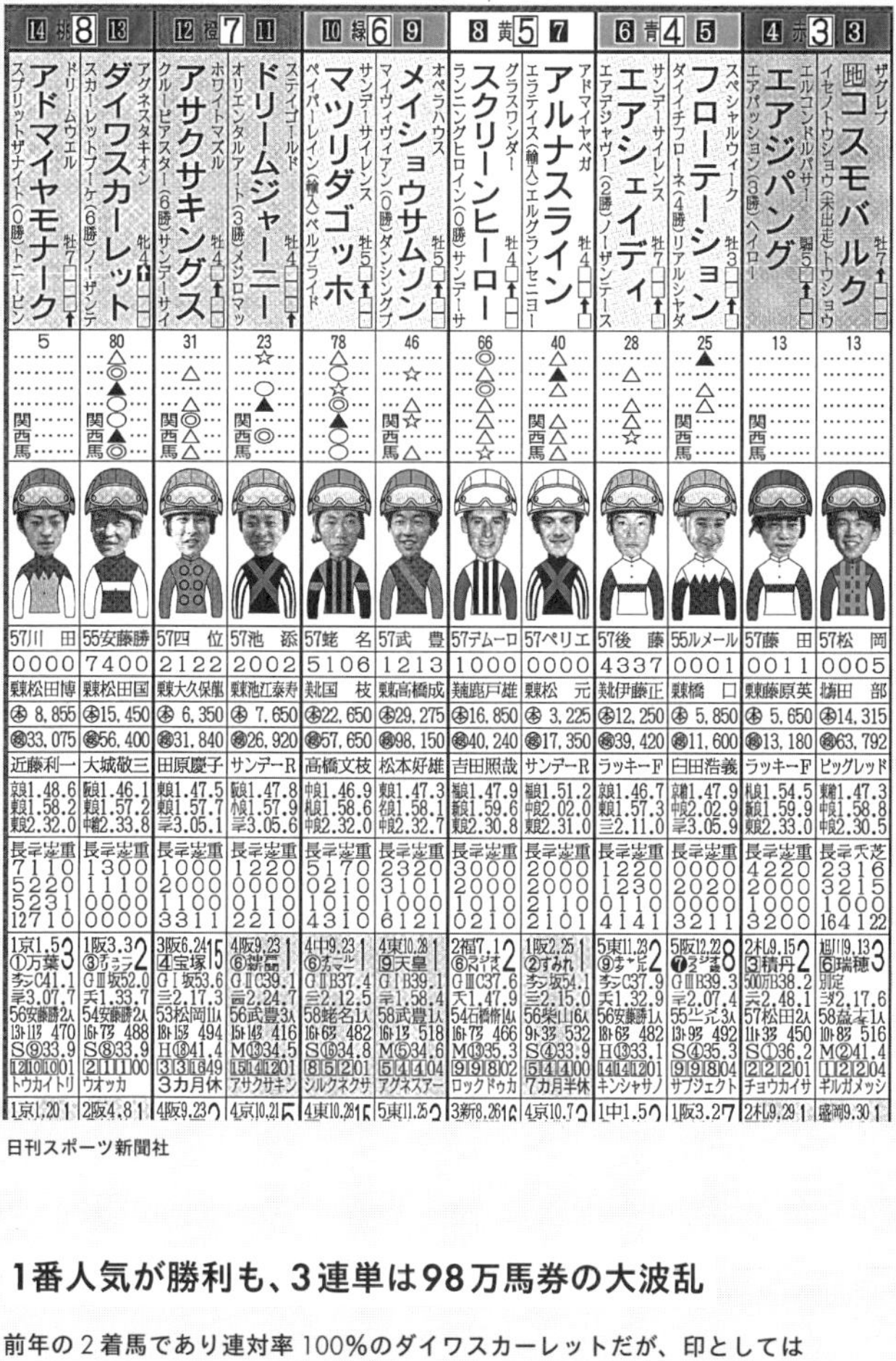

馬番	馬名	性齢	父	母（母父）	騎手	厩舎	馬主	点数	成績	本賞金	総賞金
3	㊞コスモバルク	牡7	ザグレブ	イセノトウショウ（未出走）トウショウ…	57松岡	北海道田部	ビッグレッド	13	0005	14,315	63,792
4	エアジパング	騸5	エルコンドルパサー	エアパッション（3勝）ヘイロー	57藤田	藤原英	ラッキーF	13	0011	5,650	13,180
5	フローテーション	牡3	スペシャルウィーク	ダイイチフローネ（4勝）リアルシャダイ	55ルメール	橋口	臼田浩義	25	0001	5,850	11,600
6	エアシェイディ	牡7	サンデーサイレンス	エアデジャヴー（2勝）ノーザンテースト	57後藤	伊藤正	ラッキーF	28	4337	12,250	39,420
7	アルナスライン	牡4	アドマイヤベガ	エラティス（輸入）エルグランセニョール	57ペリエ	松元	サンデーR	40	0000	3,225	17,350
8	スクリーンヒーロー	牡4	グラスワンダー	ランニングヒロイン（0勝）サンデーサイレンス	57デムーロ	鹿戸雄	吉田照哉	66	1000	16,850	40,240
9	メイショウサムソン	牡5	オペラハウス	マイヴィヴィアン（0勝）ダンシングブレーヴ	57武豊	高橋成	松本好雄	46	1213	29,275	98,150
10	マツリダゴッホ	牡5	サンデーサイレンス	ペイパーレイン（輸入）ベルブライド	57蛯名	国枝	高橋文枝	78	5106	22,650	57,650
11	ドリームジャーニー	牡4	ステイゴールド	オリエンタルアート（3勝）メジロマックイーン	57池添	池江泰寿	サンデーR	23	2002	7,650	26,920
12	アサクサキングス	牡4	ホワイトマズル	クルーピアスター（6勝）サンデーサイレンス	57四位	大久保龍	田原慶子	31	2122	6,350	31,840
13	ダイワスカーレット	牝4	アグネスタキオン	スカーレットブーケ（6勝）ノーザンテースト	55安藤勝	松田国	大城敬三	80	7400	15,450	56,400
14	アドマイヤモナーク	牡7	ドリームウェル	スプリットザナイト（0勝）トニービン	57川田	松田博	近藤利一	5	0000	8,855	33,075

日刊スポーツ新聞社

1番人気が勝利も、3連単は98万馬券の大波乱

前年の2着馬であり連対率100%のダイワスカーレットだが、印としては絶対的な支持を集めているわけではなかった。ただ、最内枠の牝馬、カワカミプリンセスが印を集めていることからも、牝馬が強い時代というのを感じさせる。このレースで後方待機策が功を奏し2着に食い込んだアドマイヤモナークは印がゼロ。馬連配当が294.9倍になったのも頷ける。

2008年
桜花賞

レジネッタ

地方からやってきた泣き虫騎手
「若き女王」とともに、悲願のGI初制覇

２０２０年1月9日。園田競馬場で、吉田勝彦アナウンサーの引退セレモニーが行なわれた。園田・姫路競馬をはじめ、64年間でおよそ9万レースを実況。ギネス世界記録にも認定された、アナウンサー界のレジェンドである。

そのセレモニーに、かつてこの地で大活躍し、現在はＪＲＡの所属となった、小牧太騎手と岩田康誠騎手も参加。花束を贈呈した。

この時、吉田アナウンサーが小牧騎手を紹介する際に言った「小牧は泣き虫だけど、弱虫じゃない」という言葉。以前からも度々使われ、小牧騎手の代名詞的なフレーズとして、今やすっかりお馴染みだが、まさにこれを言い表す出来事が起きたのが、08年の桜花賞だった。

08年の牝馬クラシックは、確固たる主役が存在せず混戦模様。第一弾の桜花賞では3頭に人気が集まっていた。

その中で1番人気に推されたのは、2歳女王のトールポピー。2走前、抽選を突破して出

走した阪神ジュベナイルフィリーズで優勝し、GI初制覇を成し遂げた。しかし、前走のチューリップ賞では、1勝馬のエアパスカルに敗れ2着。ファンも、その敗戦にやや物足りなさを感じたのか、3・8倍というオッズが、期待と不安の両方を表わしていた。

わずかに、票数の差で2番人気となったのはリトルアマポーラ。前走のクイーンCで重賞初制覇を飾り、ここまで4戦3勝。2走前の京成杯4着が唯一の敗戦で、先着を許した3頭はいずれも牡馬。牝馬限定戦のここでは、実力上位と目されていた。

3番人気はオディール。前年11月のファンタジーSで重賞初制覇を飾り、1番人気で臨んだ阪神ジュベナイルフィリーズは4着。前走のチューリップ賞では、タイム差なしの3着とまずまずのレースを見せ、ここで、さらなる上積みが期待されていた。

一方、小牧騎手が騎乗するレジネッタは、単勝43・4倍の12番人気。初戦は10着と大敗したものの、それ以降は5戦2勝3着2回で、阪神ジュベナイルフィリーズでも小差の6着に健闘していた。ただ、フィリーズレビューで3着となった前走しかり、勝ち切れていないのも事実。加えて、前走に続いて馬体を減らしてきたこともあり、さほど評価は高くなかった。

ゲートが開くと、エイムアットビップが好スタート。それを、内からデヴェロッペが制して先頭に立ち、エアパスカル、ハートオブクィーンとともに先団を形成。一方、オディールは中団を追走し、トールポピーは後ろから4頭目。リトルアマポーラもその直後に控え、上位人気馬は、軒並み中団から後方でレースを進めていた。

前半の800m通過は46秒4で、平均よりやや早目のペース。末脚勝負に持ち込みたい上位人気馬には、期せずして有利な展開となっていた。

中間点を過ぎたところで、隊列は前7頭、真ん中2頭、後方8頭に分かれ、レジネッタは後方8頭の一番前、すなわち10番手を追走。先行していたそれまでのレースとは一転、前回からコンビを組んだ際に小牧騎手が教え込んだ中団待機策を、この日も忠実に実践していた。

レースは、その後も淀みなく流れ、4コーナーを回って迎えた直線。そこから隊列がずらっと横に広がり、阪神の外回りコースらしく差し比べの展開となった。

最初に抜け出しを図ったのはエイムアットビップ。軽快なスピードを武器に、2番手以下との差を徐々に広げ、坂下で2馬身ほどのリード。そこへ、内からハートオブクィーンとエアパスカルが差を詰め、真ん中からはエフティマイアとレジネッタ。そして、大外からはリトルアマポーラとトールポピーの2頭が追い込み、2番手以下は横一線となった。

ただ、エイムアットビップも実にしぶとく、2馬身のリードが詰まりそうで詰まらない。急坂を駆け上がり、ゴールまでは残り50m。しかし、ようやくここでエフティマイアとハートオブクィーンが差を詰め、エフティマイアの体が半分だけグイッと前に出た。大混戦の桜花賞も、ついにこれで決着か――そう思った瞬間、最後の最後で逆転の末脚を繰り出し、前を行く各馬を差し切ったのはレジネッタだった。

これがＧⅠ初制覇の瞬間となる小牧騎手の、大きく、力強いガッツポーズとともに、見事1着でゴールイン。イタリア語で「若い女王」という意味通りに、桜の女王へと上り詰めたのだ。

検量室を出て、初めてＧⅠの優勝騎手インタビューに向かう小牧騎手は、既にあふれ出る思いを抑えることができない。「全国のファンの皆さん…」と、最初の一言を発したところでついに号泣。しばらく間を置き「…本当にお待たせしました」と二言目を絞り出したのだった。

兵庫県競馬で通算３３７６勝を挙げ、安藤勝己騎手に続き、04年に中央移籍。ところが同年に岩田康誠騎手が兵庫県競馬所属のまま菊花賞を制したのとは対照的に、自身は1番人気のペールギュントに騎乗した朝日杯フューチュリティSで3着。本人も後に「悔いの残るレースをした」と振り返るほどで、その後1年、2年と過ぎていく中で、自分の実力をなかなか発揮できず、歯がゆい競馬が続いたという。

しかし、泣き虫ではあってもそこで弱虫にならず、ついに移籍5年目で訪れた歓喜。インタビューの最後、「今夜は吐くまで飲みます」というらしい言葉で締めた小牧騎手は、その年のダービーでも見せ場たっぷりの2着に惜敗。桜花賞を境に、自分の騎乗を取り戻すことに成功した。そして、21年の9月で54歳を過ぎた今もなお、現役生活を続けている。（齋藤翔人）

残り100 m。最後の力を振り絞り前を交わしたレジネッタと小牧太騎手。

桜花賞を制した後、オークスでも3着と好走したレジネッタ。その後、古馬となってからはやや苦戦が続いたが、5歳時に福島牝馬Sを勝利し復活をアピール。いわゆる、一発屋ではないことを示した。その後、同年の愛知杯を最後に引退。生まれ故郷の追分ファームで繁殖入りすると、2012年生まれの初仔レジメンタル（父ハービンジャー）から、毎年のように出産。子出しの良さを見せている。父のフレンチデピュティは、様々なカテゴリーから重賞ウイナーを輩出したが、この年は他に、アドマイヤジュピタが天皇賞・春を、エイシンデピュティが宝塚記念を勝利。桜花賞と合わせ、上半期だけで産駒がGI・3勝と、大車輪の活躍を見せた年だった。

レジネッタ

性別　牝

毛色　鹿毛

生誕　2005年5月11日〜

父　フレンチデピュティ

母　アスペンリーフ（母父・サンデーサイレンス）

調教師　浅見秀一（栗東）

生涯成績　4-1-5-18

獲得賞金　2億7390万円

勝ち鞍　桜花賞　福島牝馬S

第68回桜花賞（GI）
芝右1600m　晴　良　2008年4月13日　11R

着順	枠番	馬番	馬名	性齢	斤量	騎手	タイム	着差	人気
1	7	15	レジネッタ	牝3	55	小牧太	1:34.4		12
2	8	18	エフティマイア	牝3	55	蛯名正義	1:34.5	1/2	15
3	7	13	ソーマジック	牝3	55	後藤浩輝	1:34.5	クビ	5
4	4	8	ハートオブクィーン	牝3	55	幸英明	1:34.6	クビ	16
5	5	9	リトルアマポーラ	牝3	55	武幸四郎	1:34.6	ハナ	2
6	2	4	マイネレーツェル	牝3	55	内田博幸	1:34.7	1/2	9
7	2	3	エイムアットビップ	牝3	55	福永祐一	1:34.8	1/2	6
8	5	10	トールポピー	牝3	55	池添謙一	1:34.8	クビ	1
9	6	11	エアパスカル	牝3	55	藤岡佑介	1:34.9	クビ	7
10	8	16	ブラックエンブレム	牝3	55	松岡正海	1:35.1	1.1/4	4
11	6	12	ベストオブミー	牝3	55	岩田康誠	1:35.1	クビ	8
12	3	5	オディール	牝3	55	安藤勝己	1:35.2	1/2	3
13	8	17	シャランジュ	牝3	55	村田一誠	1:35.5	2	10
14	7	14	ルルパンブルー	牝3	55	吉田隼人	1:35.6	1/2	14
15	1	1	デヴェロッペ	牝3	55	吉田豊	1:35.6	ハナ	11
16	3	6	マダムルコント	牝3	55	角田晃一	1:36.1	3	17
17	1	2	エーソングフォー	牝3	55	四位洋文	1:37.5	9	13
取	4	7	ポルトフィーノ	牝3	55	武豊			

2008年
日本ダービー

ディープスカイ

6戦目で初勝利の遅咲き馬が大外一気でダービーを制覇

競走馬であるサラブレッドは、より速く、より強く走ることが求められる種として生を受ける。それを宿命と捉えるかどうかはひとまず脇に置くとして、人間の経済活動の一部として誕生するサラブレッドは、それゆえに消長が激しく、数奇な運命を辿る馬が少なくない。いや、血の継承を目的として天寿をまっとうできるのは、ごく僅か。それは重賞、それもGI級を勝っている馬であっても例外ではない、と言っていい。

ディープスカイはNHKマイルC、日本ダービーとGIを2勝し、GI、GⅡで3着を外したことはない。それだけの活躍をしたこの馬ですら、必ずしも順風満帆に競走生活、そしてその後を過ごせたわけではなかった。

父は4戦4勝で皐月賞を制したアグネスタキオン。サンデーサイレンスの後継として種牡馬に転身、その初年度から重賞勝ち馬を輩出し、ディープスカイの一世代上にはダイワスカーレットが出現。そんな背景もあり、デビュー前から牧場サイドでも期待された馬だった。

ところが、そんな馬が2歳秋デビューで初勝利に6戦を要する。デビュー戦の馬体重は506キロ。雄大な馬格を誇り、陣営が期待するのも無理はない大物感を漂わせていたが、当時はまだ若干、造りに緩い部分が残り、呼吸器管や内臓面なども成長途上だった。中2〜3週ほどの間隔で使われ続け、3歳の1月に初勝利。昇級後の2戦も勝ちあぐねて3月を迎えた時点では、クラシックどころか、どの程度まで良くなるのか判然としない印象があったものだ。それがアーリントンCから毎日杯に駒を進めると、後方から外を回って差し切り重賞初制覇。皐月賞をスキップして向かったNHKマイルCでは、出遅れから直線内を突いて抜け出してGI初制覇を遂げる。

実のところこのレースの後も、筆者はこの馬の評価に半信半疑な面が拭えないままだった。上がりはメンバー中、1頭だけ33秒台をマークした。その抜群の決め手は認めても、大柄で、トビも大きく、それまでは極端に切れる印象がなかっただけに、この時に覚醒したのか、単に大駆けしただけなのかが摑み切れなかったのである。

それがダービー当日、パドックを見て度肝を抜かれた。毎日杯、NHKマイルCを連勝して、まったく同じステップを踏んだ4年前のキングカメハメハですらマイナス2キロだったのに、この馬はNHKマイルCからプラス6キロ。雄大な馬体ははち切れんばかりで、毛ヅヤもピカピカ。短期間に、こうまで変わってくるものなのか、と思うほどだった。

レースは前半1000m60秒8。淡々と流れてスローに近いペース。スタートは五分だったが、向正面に入ると後方13番手。4コーナー手前でも後から3〜4頭目という位置取りで、とても届くものではないと諦めかけたが、坂下から大きなフットワークでひと追い毎に末脚を伸ばして、終わってみれば1馬身半差し切ってフィニッシュ。圧倒的なパフォーマンスで3歳牡馬の頂点に立ったが、この勝ちっぷりはスピードと瞬発力が求められる近年のダービーでは、まさに出色の内容だった。

ちなみに、ダービー馬で初勝利に6戦を要したのは、歴代でも2番目の遅さだったが、2カ月前まで1勝馬だった馬がクラシックシーズンにGIを2勝。急激な成長ぶりも特筆されていい。あまりの急成長ぶりに、その後の反動が心配されたものだが、この点でもディープスカイには、いい意味で裏切られることになる。秋に神戸新聞杯を楽勝すると、同年のダービー馬として史上初めて挑戦した天皇賞・秋で、ウオッカ、ダイワスカーレットのクビ差3着。続くジャパンCで2着し、4歳初戦の大阪杯で2着。続く安田記念2着。そして宝塚記念3着。3歳春に急激にピークを迎えただけでなく、その後もほとんど休むことなく使われ、並みいる強敵相手に一度も大崩れしなかった。これもまた超一流馬の戦績といっていい。

宝塚記念後に放牧され、復帰を目指す途中で左前浅屈腱炎を発症。予想以上の重症だったため、その年に急死した父アグネスタキオンの後継種牡馬としての期待もあって競走馬としての現役を引退する。2010年、新しいステージに踏み出したのはよかったが、目立った活躍馬が出ないまま年々種付け数が減少（14年には最盛期の約6分の1まで激減）。20年には種牡馬を引退することになる。

競走馬として今ひとつ印象が薄いのは、世代レベルが疑問視された面があったかもしれない。が、その頂点に立った3歳時に、異世代のトップクラスと互角に戦ったのは事実。その馬が期待されてスタッドイン*しながら、種牡馬として供用開始僅か4年で見切りをつけられてしまうのは、どうにも釈然としない部分がある。ディープスカイのどこかに適切な評価がなされない要因でもあったのか。いや、どこか〝サラブレッドファースト〟とはかけ離れた理屈すら感じられる。それもサラブレッドビジネスの常、などと言って片付けられていいのだろうか。

幸いなことにディープスカイは引退馬協会で受け入れることが決まり、穏やかな余生を送れることになった。功労馬として認められてこその扱いには違いないが、16歳（21年9月現在）という年齢は、馬の寿命を考えればまだまだ若い、とも思う。それだけに、今後もディープスカイの生涯をしっかり見守りたいと思うし、また、そんなことを考えさせる、という意味で、ディープスカイは特別なサラブレッドに思えてならない。

（和田章郎）

＊**スタッドイン**　種牡馬として牧場に入ること

残り200ｍで外から抜群の伸びをみせたディープスカイ。1頭だけ別次元の脚だった。

母の2番仔であるディープスカイには9頭の弟と妹が生まれたが、父アグネスタキオンの全妹ルサビは未勝利、全弟ジョーヌドールは1勝に終わるなど、重賞優勝馬はディープスカイのみに終わった。自身は10年ほど種牡馬を続け、京都記念・みやこSなど交流重賞含めて重賞4勝のクリンチャーとアンタレスSの勝ち馬モルトベーネ、ジャパンダートダービーを制したキョウエイギア、全日本2歳優駿を制したサウンドスカイを世に送った。ほかにもオープン2勝のスピリッツミノルなど獲得賞金3000万円以上の産駒を29頭輩出した。

ディープスカイ

性別 牡

毛色 栗毛

生誕 2005年4月24日〜

父 アグネスタキオン

母 アビ（母父・Chief's Crown）

調教師 昆貢（栗東）

生涯成績 5-7-3-2

獲得賞金 6億4213万円

勝ち鞍 日本ダービー　NHKマイルC　神戸新聞杯　毎日杯

第75回東京優駿（GI）
芝左2400m　晴　良　2008年6月1日　10R

着順	枠番	馬番	馬名	性齢	斤量	騎手	タイム	着差	人気
1	1	1	ディープスカイ	牡3	57	四位洋文	2:26.7		1
2	4	7	スマイルジャック	牡3	57	小牧太	2:26.9	1.1/2	12
3	2	3	ブラックシェル	牡3	57	武豊	2:27.0	3/4	6
4	5	9	マイネルチャールズ	牡3	57	松岡正海	2:27.1	クビ	2
5	5	10	レインボーペガサス	牡3	57	安藤勝己	2:27.1	クビ	5
6	8	18	クリスタルウイング	牡3	57	内田博幸	2:27.3	1.1/4	9
7	4	8	アドマイヤコマンド	牡3	57	川田将雅	2:27.4	1/2	4
8	7	15	フローテーション	牡3	57	藤岡佑介	2:27.5	1/2	15
9	7	13	ベンチャーナイン	牡3	57	武士沢友治	2:27.8	2	13
10	3	5	アグネススターチ	牡3	57	赤木高太郎	2:27.9	3/4	4
11	2	4	タケミカヅチ	牡3	57	柴田善臣	2:28.0	クビ	7
12	8	17	ショウナンアルバ	牡3	57	蛯名正義	2:28.2	1.1/2	8
13	6	11	レッツゴーキリシマ	牡3	57	幸英明	2:28.3	1/2	16
14	6	12	サブジェクト	牡3	57	吉田豊	2:28.5	1.1/4	17
15	7	14	エーシンフォワード	牡3	57	和田竜二	2:28.5	アタマ	18
16	3	6	モンテクリスエス	牡3	57	福永祐一	2:28.5	クビ	10
17	8	16	メイショウクオリア	牡3	57	岩田康誠	2:28.6	1/2	11
18	1	2	サクセスブロッケン	牡3	57	横山典弘	2:28.9	1.3/4	3

2008年
ジャパンC

スクリーンヒーロー

地味な馬が見せた急成長と種牡馬となっての大活躍

馬券作戦を主とした競馬雑誌を長年作ってきた。数多くの馬券戦術を研究してきて感じるのは、目の前のレースにおける買い方に「正解」など存在しないこと。騎乗者、所属厩舎、距離やコース適性などを筆頭に、星の数ほど存在するファクターから「正解」を選ばねばならない。至難の業である。

ただし。「正解となるスタンス」は存在する。人気馬を辛く、人気薄を甘くみること。もう一つ、人気になりやすい派手な馬よりも人気になりにくい地味な馬を大事にすること。社台グループよりもマイネル軍団、ディープインパクトよりもキタサンブラック。「実力があるのに人気になりにくい馬を選ぶ」のが、少ない小遣いで長く競馬を楽しむコツである。

この感性を教えてくれたのがスクリーンヒーローだった。ディープインパクトが引退した2006年＝サンデー産駒全盛の時代にデビューしたこの馬は、3戦目でダートの未勝利戦を勝つと、続くカトレア賞を8番人気で3着。初芝のスプリングSで5着に敗れた次走、再びダートに戻し伏竜Sを7番人気で2着。ラジオNIKKEI賞では14番人気2着、セントライト記念では14番人気3着。ここから11カ月の休養に入った。

父グラスワンダーは種牡馬になって地味化した。サンデー産駒が全盛になるほど、その余波で父がサンデーサイレンスでなければ「地味な馬」となるのか、印が少なく配当妙味を感じる馬が多かった。

そんな中、この馬は走るほどに「おもしろい存在」となってきた。

1年後の復帰戦・支笏湖特別で3勝目を挙げたとき、「久々の競馬はなかなか勝てない。この馬は大したものだ」と鞍上の横山典弘騎手はコメントした。1年の休養をものともせずに制すと、続く格上挑戦の札幌日経オープンを2着。オクトーバーSを2着後、準オープンの身ながらハンデGⅡのアルゼンチン共和国杯を優勝。「いつの間にこんなに強くなったんだ」とかなりの衝撃を受けた。

2週間後。ジャパンCの出走想定表にこの馬の名前を見つけた。急成長中ではあるが、とてもじゃないが軸にはできぬ。そう感じた。

アルゼンチン共和国杯は軽ハンデ53キロ。そこから一気に4キロも斤量が重くなる。ましてやメンバーはこれまでとは比較にならない。

メイショウサムソン、ウオッカ、ディープスカイと3~5歳のダービー馬がそろって出走。

ジャパンCは日本ダービーと同じ東京2400mであり、シンボリルドルフやトウカイテイオー、スペシャルウィーク、ジャングルポケット、そしてディープインパクトと歴代ダービー馬が優勝を果たしている。この3頭のみならず、菊花賞馬がアサクサキングスとオウケンブルースリ、さらに有馬記念ウイナーのマツリダゴッホ。

歴戦の強者ばかりで、とてもじゃないが、GⅡを勝ったばかりの馬が好走できるようなメンバーではない。

しかし。スクリーンヒーローの成長度合いは、私の想像をはるかに超えていた。超スローペースの5番手につけるなど、スムーズに好位を追走する。あまりのスローペースに行きたがる馬が多い中、スクリーンヒーローにとってはそれまでと同じペースで、いわば展開が向いた。騎乗者に素直に従う性格（鹿戸雄一厩舎所属・寺本秀雄厩務員さんの話）も幸いし、M・デムーロ騎手がゴーサインを出すと一気にスパート。3頭のダービー馬も2頭の菊花賞馬も、有馬記念ウイナーも外国馬も、急成長中の脚には追いつけなかった。

9番人気で単勝41倍。ジャパンCにおける歴代最高の単勝配当であり、いまだに破られぬ大穴となった。「前走を勝った人気薄を消してはいけない」と私は学んだ。

我々競馬ファンが強いと認知するほどオッズは下がる。続く有馬記念は3番人気となり単勝は6・4倍にまで下がった。しかし、レースを制したのは初対戦の女傑ダイワスカーレット。3コーナーから一気に進出したスクリーンヒーローだが5着に終わった。

5歳時は阪神大賞典4着。前哨戦としてはまずまずで春の天皇賞は2番人気に支持されたが、さすがに距離が長く14着。勝ち馬から2秒7も離されてしまった。続く宝塚記念も5着に終わり、もはやこれまで、という空気も漂った。

しかし、スクリーンヒーローは終わっていなかった。秋の天皇賞で前年優勝馬のウオッカや前走で京都大賞典を制した菊花賞馬オウケンブルースリを尻目に前々でレースを進めて2着確保。前半1000m59秒8、勝ちタイム1分57秒2というタイムは前年のウオッカがマークしたレコード決着と同じ時計であった。先行馬が軒並み崩れる中、2番手を進みながら2着を確保したスタミナは、ジャパンC制覇がフロックではないことを証明してくれた。

これがこの馬の最後の見せ場となった。続くジャパンCを13着に敗れた数日後、左前浅屈腱炎を発症。再びの長期休養が避けられぬ状況となり、レックススタッドで種牡馬としてのスタートを切ると、初年度産駒のゴールドアクターが菊花賞で3着に食い込んだ。15年にはグァンチャーレがシンザン記念を制し、ミュゼエイリアンが毎日杯を制覇。さらにモーリスが安田記念、マイルCS、香港マイル、チャンピオンズマイル・秋の天皇賞・香港Cと国内&海外のGIを6勝。さらには有馬記念をゴールドアクターが制すと、「人気薄種牡馬」は一気に注目を集めていった。

（小川隆行）

外から追いすがるダービー馬ディープスカイに負けぬ末脚。鞍上デムーロが叫んだゴールの瞬間。

種牡馬入り初年度は種付け料が 30 万円とリーズナブルだったものの種付け頭数は 84 頭。2 年目も 73 頭、3 年目は 53 頭だったが、14 年はモーリスやゴールドアクターらの活躍により 100 頭を超え、15 年シーズンは 190 頭にも及んだ。21 年現在、GI 産駒はモーリスとゴールドアクターのみだが、JRA の重賞勝利は 18 勝、重賞ウイナーは 9 頭。21 年も日経賞とオールカマーをウインマリリンが、フローラ S をクールキャットが制している。サイアーランキングは近年は 15 位前後をキープしている。

スクリーンヒーロー

性別 牡

毛色 栗毛

生誕 2004年4月18日〜

父 グラスワンダー

母 ランニングヒロイン（母父・サンデーサイレンス）

調教師 矢野進→鹿戸雄一（美浦）

生涯成績 5-6-2-10

獲得賞金 5億340万円

勝ち鞍 ジャパンC　アルゼンチン共和国杯

第28回ジャパンカップ（GI）
芝左2400m　晴　良　2008年11月30日　10R

着順	枠番	馬番	馬名	性齢	斤量	騎手	タイム	着差	人気
1	8	16	スクリーンヒーロー	牡4	57	M.デムーロ	2:25.5		9
2	5	9	ディープスカイ	牡3	55	四位洋文	2:25.6	1/2	1
3	2	4	ウオッカ	牝4	55	岩田康誠	2:25.7	3/4	2
4	7	13	マツリダゴッホ	牡5	57	蛯名正義	2:25.7	アタマ	5
5	1	1	オウケンブルースリ	牡3	55	内田博幸	2:25.8	クビ	4
6	1	2	メイショウサムソン	牡5	57	石橋守	2:26.0	1.1/4	3
7	4	7	ネヴァブション	牡5	57	横山典弘	2:26.0	クビ	15
8	7	15	アサクサキングス	牡4	57	C.ルメール	2:26.1	3/4	6
9	3	6	パープルムーン	セ5	57	J.スペンサー	2:26.1	ハナ	11
10	4	8	トーホウアラン	牡5	57	藤田伸二	2:26.2	1/2	8
11	5	10	オースミグラスワン	牡6	57	川田将雅	2:26.3	クビ	12
12	8	17	アドマイヤモナーク	牡7	57	安藤勝己	2:26.3	クビ	16
13	6	11	シックスティーズアイコン	牡5	57	J.ムルタ	2:26.5	1.1/4	10
14	7	14	ペイパルブル	牡5	57	R.ムーア	2:26.7	1.1/2	7
15	2	3	トーセンキャプテン	牡4	57	O.ペリエ	2:26.8	クビ	13
16	3	5	ダイワワイルドボア	牡3	55	北村宏司	2:26.9	1/2	17
17	8	18	コスモバルク	牡7	57	松岡正海	2:27.4	3	14
取	6	12	マーシュサイド	牡5	57	J.カステリャーノ			

2008年
ジャパンC
ダート

カネヒキリ

屈腱炎を克服、再びダート王に輝いた〝砂のディープインパクト〟

2005年春。競馬新聞社に入社して3年目を迎えていた頃、競馬が縁で3つ年上の恭子という女性と知り合った。競馬場などでデートを重ねるうちに自然と恋人の関係に。恭子は今でいうUMAJO*だが、少し変わっていて芝よりもダートのレースが大好き。仕事終わりに時間ができると、よく一人でナイターの大井、川崎競馬場へ出かけていた。気丈でアクティブでグイグイと引っ張っていくタイプで中央競馬しか知らなかった私が地方競馬へ通うようになり、どっぷり嵌まったのは彼女のおかげとも言える。

そんな恭子が当時、「すごい関西馬がいる!」と熱い視線を送っていた馬がカネヒキリ。前年、デルタブルースで菊花賞を制した新進気鋭の角居勝彦師が管理するフジキセキ産駒。中山が舞台の3歳500万下は早め先頭から後続を引き離し、終わってみれば2着に1秒8差をつけて大楽勝。このレースをライブ観戦していた恭子はダートの怪物に心を奪われ「絶対にダートの王者になる」と、ことあるごとに言っていた。カネヒキリは武豊騎手を鞍上に迎

＊**UMAJO**　競馬を楽しむ女性のこと

え、7月に大井で行われたジャパンダートダービー、そして9月には盛岡でダービーグランプリも制覇。中央・地方を通じてダート界の3歳ナンバー1の座に登り詰めた。

次走に選んだのは武蔵野S。古馬とは初めての対戦ながら単勝オッズは1・3倍。しかし、直線で外へ持ち出して追い込んできたものの2着。同世代の無敗三冠馬と同じ金子真人オーナーの所有馬であったことから〝砂のディープインパクト〟と呼ばれた馬がダートでまさかの初黒星。勝利を信じて疑わなかった私はひどく落胆した。しかし、恭子は「本番は次だから」とどこまでも強気だった。

迎えた大一番、ジャパンCダート。土曜日だったが、新聞制作を終えると急いで会社を抜け出し、私は恭子の待つ東京競馬場へ向かった。恭子と合流し、向かったパドック。折り重なる人と人の肩越しに見えたカネヒキリは静かな中にも闘志を秘め、ひと際大きく見えた。

レースは同じ勝負服のユートピアがハナを切り、2番手にアジュディミツオー。カネヒキリは折り合いを付けて中団を進む。4コーナーを回り、持ったまま外を通って進出。追い上げに手間取った武蔵野Sとは明らかに違う、いつものカネヒキリだ。残り1ハロン標識の手前で先に抜け出したシーキングザダイヤに並びかける。だが、かわすことができない。更にデザーモ騎手の激しいアクションに応え、スターキングマンも内ラチ沿いから伸びてくる。シーキングザダイヤも一歩も引かない。諦めかけたその時、体全体を使った力強いストライドでカネヒキリが息を吹き返したように伸びる。カネヒキリとシーキングザダイヤの馬体が合った瞬間がゴール。長い写真判定。結果はカネヒキリがシーキングザダイヤをハナ差だけかわしていた。「良かった！　カネヒキリ勝ったよ！　おめでとう」と大声でまくしたてる私。恭子も大喜びするかと思ったが、そうではなく、ホッとしたような表情で目を潤ませながら何度も頷き「強いね」と応えた。

翌年、4歳となったカネヒキリはフェブラリーSに出走。ジャパンCダートで鎬を削ったシーキングザダイヤを3馬身離して一蹴する。しかし、続くドバイワールドCが4着、更に国内復帰戦の帝王賞ではアジュディミツオーの2着に敗れた。夏を越し、復権を目指して調整中に悪夢が襲う。当時、不治の病と言われた屈腱炎を発症、1年半に及ぶ長期休養に入った。その間、私の周りにも変化が起こる。恭子は家業を手伝うため、東京での仕事を辞め、秋田の実家へと戻ってしまう。私の方はというと仕事の忙しさにかまけて、彼女に連絡する回数は段々と減っていった。物理的に、そして心の距離もお互い離れていった。

08年秋。6歳を迎えたカネヒキリが屈腱炎を克服し、カムバックする。復帰戦に選んだ武蔵野Sでは馬群の中でもがき、伸びあぐねて9着。完敗を目の当たりにし、3年前の武蔵野Sと同じように私は落ち込んだ。次走は阪神競馬場に舞台を移したジャパンCダート。1番人気はカネヒキリ不在の間にダート界を制圧したヴァーミリアン。JBCクラシックでヴァーミリアンと接戦を演じた3歳サクセスブロッケンが2番人気。既に勢力図は塗り替わっていた。輝きを失った元王者カネヒキリは単勝4番人気。不運なことに絶対的なパートナーである武豊騎手が骨折、鞍上はC・ルメール騎手がつとめた。「正直、厳しい戦いになるだろう」と思いながら中山競馬場のターフビジョンを見つめていた。向正面に入るとサクセスブロッケンが早々と前を行くティンカップチャリスをかわして先頭。3コーナーでフリオーソ、カジノドライヴが外から進出。カネヒキリはサクセスブロッケンを前に見ながら好位の内を進む。直線入口、慣れない右回りということもあってティンカップチャリスが少し外に張ったことでカネヒキリの前にスペースが生まれる。ルメール騎手に鼓舞されたカネヒキリは鋭く反応。サクセスブロッケンに並びかけるところを捉えてグイッと前に出た。次の瞬間、外から凄まじい勢いで伸びてきたヴァーミリアンとメイショウトウコンが視界に入る。だが、直線の坂を駆け上がってからもカネヒキリは大きなストライドのまま伸びは簡単には鈍らない。最後は迫るメイショウトウコンをアタマ差抑えてゴール。怪我を克服し、王者に返り咲いたカネヒキリ。3年前、東京競馬場で感じたのとは違う〝強さ〟を感じた。

レース直後、恭子の顔が思い浮かんだ。「カネヒキリが勝ったね!」と、彼女と喜びを分かち合おうと携帯電話を取り出した。でも、カネヒキリの力を、復活を信じ続けることができなかった自分が何だか無性に恥ずかしくなり、すぐに電話をしまった。

(播磨進次郎)

内ラチ沿いの経済コースを通りスタミナを温存。外から伸びる2頭を封じた名騎乗。

7歳になった2009年のかしわ記念で2着になった後、骨折により1年間休養。8歳の2010年は帝王賞2着、マーキュリーC優勝、ブリーダーズGC2着と好走を続けるも浅屈腱炎を発症、引退となったカネヒキリ。総額9600万円のシンジケートは満口となった。ミツバ（川崎記念など）、ロンドンタウン（エルムSなど）、ディオスコリダー（カペラS）、テーオーエナジー（兵庫CS）と中央＆地方交流重賞の優勝馬を輩出。芝では未勝利だがダートで172勝を挙げている。

カネヒキリ

性別 牡

毛色 栗毛

生誕 2002年2月26日

死没 2016年5月27日

父 フジキセキ

母 ライフアウトゼア（母父・Deputy minister）

調教師 角居勝彦（栗東）

生涯成績 12-5-1-5

獲得賞金 4億7629万円（中央）／3億4000万円（地方）

勝ち鞍 ジャパンCダート（2勝）　フェブラリーS　ジャパンダートダービー　ダービーグランプリ　東京大賞典　川崎記念　ユニコーンS　マーキュリーC

第9回ジャパンカップダート（GI）
ダ右1800m　晴　良　2008年12月7日　11R

着順	枠番	馬番	馬名	性齢	斤量	騎手	タイム	着差	人気
1	5	10	カネヒキリ	牡6	57	C.ルメール	1:49.2		4
2	3	5	メイショウトウコン	牡6	57	藤田伸二	1:49.2	アタマ	7
3	3	6	ヴァーミリアン	牡6	57	岩田康誠	1:49.3	クビ	1
4	2	3	サンライズバッカス	牡6	57	佐藤哲三	1:49.6	1.3/4	6
5	6	12	ブルーコンコルド	牡8	57	幸英明	1:49.6	アタマ	11
6	6	11	カジノドライヴ	牡3	56	安藤勝己	1:49.7	3/4	3
7	7	14	フリオーソ	牡4	57	戸崎圭太	1:49.9	1	12
8	4	7	サクセスブロッケン	牡3	56	横山典弘	1:49.9	ハナ	2
9	1	1	ワンダースピード	牡6	57	小牧太	1:50.2	1.3/4	9
10	8	15	ワイルドワンダー	牡6	57	蛯名正義	1:50.2	ハナ	10
11	8	16	ボンネビルレコード	牡6	57	内田博幸	1:50.8	3.1/2	13
12	1	2	フロストジャイアント	牡5	57	C.ヴェラスケス	1:51.5	4	14
13	4	8	ティンカップチャリス	セ3	56	E.プラード	1:51.6	クビ	5
14	5	9	アドマイヤフジ	牡6	57	川田将雅	1:52.3	4	8
15	2	4	メイショウバトラー	牝8	55	福永祐一	1:54.5	大	15
取	7	13	マストトラック	牡4	57	G.ゴメス			

コラム 4

特別インタビュー
地方の雄、フリオーソの調教を担当して

『勝ちたい』を捨て、ダート最強世代へ挑む
名馬の調教を担当して至った境地

「会った時から、只者ではないオーラがありましたね…。次元が違う馬がきたことが、背中からもよく伝わってきました。過去に多くの名馬を調教させていただきましたが、そのなかでも別格です。無駄がなく弾けるようなリズム感のある動きでした」

名門厩舎に所属する騎手としてフリオーソの調教を担当していた佐藤裕太氏（現調教師）は、運命の出会いをそう振り返る。フリオーソは南関東競馬を代表する川島厩舎の管理馬だったが、その厩舎においても群を抜いたセンスが感じられたという。そして陣営の「スタートが決まればほぼ勝てるだろう」という目論見通りにデビュー戦を快勝。3戦目こそ取りこぼしたものの、デビューから4戦3勝で交流重賞・全日本2歳優駿を制した。

「すごく利口で、物覚えの良い馬でした。レースごとに進化が見られるタイプでしたし、まるで

人間の言葉がわかっているんじゃないかという感覚になりましたね。全日本2歳優駿を制覇したので、翌年は川島調教師の夢でもある中央芝レースでの勝利を目指しました」

フリオーソは、明け3歳で共同通信杯・スプリングSと芝重賞に2連続で挑戦。結果は7着、11着と大きく敗れたものの、フサイチホウオーやフライングアップルといった実績馬、スクリーンヒーローやショウワモダンといった未来のGI馬と直接対決するという貴重な経験を積んだ。

「パドックを見た時点で、芝仕様の馬とは雰囲気が違いました。フリオーソの力強さが存分に発揮できる舞台ではなく、中央馬のスピードに屈してしまいました。しかしレース後からはフリオーソの重心が低くなりスピードが向上したんです。おそらくレース中に、中央馬から良いところを吸収してくれたのでしょう。結果は残念でしたが、それ以上の収穫がある挑戦になりました」

南関クラシック路線に戻ったフリオーソは、1番人気に支持された東京ダービーで負けてしまう。敗因には芝レースを経由したことでガラリと変わったペースに戸惑ったことなども考えられた。それでも、次走の交流重賞・JDD（ジャパンダートダービー）に向けて、陣営の不安はなかった。

「フリオーソの強さを信じていましたから。フリオーソは歩様などから体調も把握しやすい馬だったので、彼自身と相談しながら、ベストの状態に持っていきました」

そしてフリオーソは、その期待に応えてJDDを快勝。中央馬を撃破して、6年ぶりに南関馬がJDD勝ち馬となった。次に狙うは古馬GIだが、そんなフリオーソの前に2頭の名馬が立ちはだかる。それが、ヴァーミリアンとカネヒキリだった。

「カネヒキリは勿論、ヴァーミリアンも本当に強かったですね。同じ時代にこんな馬がいるなんて…と思いました。見た目からして、黒くて大きくて、強そうじゃないですか（笑）」

過去に様々なダートの名馬を見てきた佐藤氏をしても、笑いたくなるほどの名馬たち。ヴァーミリアンはJBCクラシック3連覇などGI級競走を9勝、カネヒキリは05年と08年に最優秀ダートホースに選出された、いずれも歴史的ダートの名馬。2頭はフリオーソにとって、あまりにも分厚い壁だった。

「スピードやスタミナでは、正直なところヴァーミリアン、カネヒキリには敵いません。あとはどこかで逆転を狙うしかないのですが、そうした分析は騎手に任せて、私たちは馬のリズムを崩さないことに集中しました」

競馬は「競走」である以上、勝負の世界ではある。しかし戦略は当日にコンビを組む騎手に任せて、馬を送り出すことに徹する。そこには、川島厩舎、そして佐藤氏の哲学があった。

「強い相手がいるからとプレッシャーをかけたりはしないようにしているんです。『勝ちたい』という一心で調教をしていると、どうしてもどこかで馬に負担がかかってしまいます。無意識のうちに調教を強くしてしまったり…。日頃から、他馬をライバル視はしないように心がけていました」

そうして挑戦を続けているうちに、遂に結果が出たのが、10年帝王賞だった。カネヒキリやヴァーミリアン、さらには年下の世代からはスマートファルコンやサクセスブロッケンが集う豪華メンバーだったが、そこを2番手でレースを進めて上り最速で快勝。2着のカネヒキリには2馬身半もの差をつけていた。

「フリオーソの特筆すべきところは、レース後の回復の早さだったと思います。スタミナもすごかったですし、考えられないくらい丈夫な馬でした。実は脚元に不安を抱えながらの現役生活だったのですが、微塵も感じさせないまま現役生活を走りきってくれました」

フリオーソは39戦11勝という戦績で引退。種牡馬としても人気を集め、高知優駿・西日本ダービーなどを制したフリビオン、九州ダービー栄城賞を制したトップレベルなどを輩出。19年にはヒカリオーソが東京ダービーを制し、自身がクビ差で逃したタイトルを獲得した。

「今でも北海道まで会いに行くことがありますが、いつも触っていた子が今では種牡馬としてもスターに。なんだか、ちょっと遠い存在になった気もします(笑)。ただ、そのかわりフリオーソの産駒を預けてくれるオーナー様は多くいらっしゃいます。有難い縁を感じますね!」

フリオーソのスタミナや力強さ、かしこさは産駒に共通して遺伝しているという。佐藤氏は「管理しやすい子が多いですね」と顔を綻ばせた。現在9戦5勝で全て3着以内という期待のフリオーソ産駒、モンストルオーソも佐藤氏の管理馬。いつかフリオーソ級の活躍馬を輩出することを夢見つつ、日々の調教をこなしている。

(聞き手　緒方きしん)

休刊に追い込まれた競馬専門紙「ホースニュース・馬」

2008年2月19日。競馬専門紙「ホースニュース・馬」が経営悪化により休刊した。1週間後に行われるGIフェブラリーSを目前にしての休刊に、専門紙業界は大きく揺れた。

当時、筆者（小川）は数名の社員に事情を聴いたが、経営者がホテル事業に失敗したことが倒産の要因だった。社員の給料は平均20%カットされ、アルバイトに精を出す予想家も少なくなかったという。

あれから13年。関東の競馬専門紙（中央版）は優馬、競馬エイト、日刊競馬、ケイバブック、勝馬、研究ニュース、競友、馬三郎の8紙が頑張っている。スポーツ紙が150円であるのに対し、専門紙は500円だ。

コロナ禍前の競馬場では一般席の客は8割方スポーツ紙。3連単導入で馬券の購入単位が小さくなり、「経費縮小」をしているようだ。逆に馬主席では専門紙が多くみられた。個人的な話で恐縮だが、競馬ファンになって30年以上が経つ私（小川）は今も専門紙を買っている。読み慣れた紙媒体であり、信頼できる予想家の印も気になるためだ。「専門紙は冬の時代」と言われて久しいが、これからも競馬を支える媒体として頑張って欲しいと思う。

第5章 名馬たちの二世が躍動する ２００９年

2009

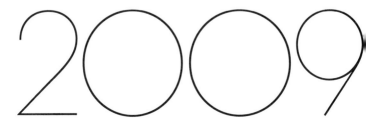

2009年
有馬記念

ドリームジャーニー

小さな体に不屈の闘志
父ステイゴールド隆盛の礎となる

2009年12月27日。私は行きつけのウインズ札幌A館1階ホール、大型ビジョンの真下で人の波にもまれていた。ゆく年最後の夢をかけた有馬記念。無数の視線が画面に注がれていた。この年最もたくさんの夢を集めたのは牝馬二冠を制したヒロイン、ブエナビスタだ。

フルゲート16頭。ゲートが開いた。15頭が一線となってスタートを切った。

一瞬遅れてどよめきが上がる。1頭出遅れた。中山芝2500mのスタートは真横からのアングルだ。黄色い帽子だ。私の夢、ドリームジャーニーだ。あの日と同じだ。大丈夫だ。3年前も、同じ場所でドリームジャーニーを見つめていた。

私を競馬にのめりこませた「愛さずにいられない」ステイゴールドの仔。応援せずにいられなかった。現在JRA重賞通算113勝を重ね、十指に余る後継種牡馬を有するステイゴールドだが、当時はまだ産駒重賞勝ちはひとつのみ。いつまで産駒を応援し続けられるのか、不安で仕方なかった。

06年、朝日杯フューチュリティS。デビュー以来の主戦、蛯名正義騎手を背にしたドリームジャーニーはスタートで派手に出遅れた。頭を抱えた。

道中4馬身差の最後方。もはやあきらめていた私が伏していた眼を再び画面に向けた時、ドリームジャーニーは躍動していた。鞍上に「軽く飛びましたね」と言わしめる豪脚で15頭を置き去りにし、父が足掛け5年、20度目の挑戦でようやく手に入れたGⅠの勲章を初めての挑戦で勝ち取って見せた。夢かと思った。

快進撃は一度ここで途切れる。翌07年3歳クラシック。ドリームジャーニーは皆勤するも本番では善戦どまり。ダービーでは牝馬ウオッカの壮挙を引き立てる脇役に甘んじた。

2歳GⅠ馬が一度GⅠで結果を残せなくなると、そこから再び第一線に戻ってくるのは至難の業である。ドリームジャーニーも苦しんだ。古馬になって春、マイル路線に活路を見出そうとするが、マイラーズカップ、安田記念といずれも二桁着順に沈む。

「早熟」のレッテルすら貼られかけたドリームジャーニーの前に現れたのが、その後、終生の相棒となる池添謙一騎手だった。

そう、08年夏の小倉記念だ。あの日もここで見ていた。もともと池添騎手は安田記念1戦のみの代打騎乗だったが、当時主戦の武豊騎手が小倉記念の週に騎乗停止となったため、北海道での騎乗を投げうって小倉に駆けつけたのだ。

「上がり馬」ダイシングロウに1番人気を譲ったドリームジャーニーは後方4番手にいたはずの3コーナーで、一度消えた。422キロの小さな馬体と池添騎手の馬の背に張り付くような低いフォームが相まって、外を一気に上がっていく人馬の姿は画面にはほぼ映らなかった。

15秒後、ふたたび姿を現したドリームジャーニーはもう2番手にいた。4コーナーを回る遠心力を推進力に変え、一体となった人馬は直線に解き放たれた。もう離す一方だった。復活は成った。

出遅れて、後方を追走し、3コーナーで一度消え、4コーナーで忽然と先団に現れ、唸りを上げて前を捕まえ、ねじ伏せる。次走の朝日チャレンジC、翌年の産経大阪杯、そして宝塚記念。その後ドリームジャーニーが勝つときは決まってこのパターンだった。

そして大型ビジョンに映し出される有馬記念も3コーナーに差し掛かる。向こう正面で名前を呼ばれたきり、ドリームジャーニーと池添騎手はその存在を消した。

勝った、と思った。

アクシデントに見舞われた菊花賞馬スリーロールスが後退していく。一昨年の覇者マツリダゴッホが3コーナーでまくりにかかって場内が沸く。二冠牝馬ブエナビスタがくらいついていく。外からはエアグルーヴの仔フォゲッタブルと春の天皇賞馬マイネルキッツが四肢を伸ばす。

最後の直線。カメラが「引き」に切り替わったその瞬間、もう一度私は、勝った、と思った。

「3番手の一線から、追ってくるのはドリームジャーニー！」

実に40秒ぶりにその名を呼ばれたドリームジャーニーの前には、もうブエナビスタしかいなかった。残り1ハロンで前に並びかけたドリームジャーニーは執拗に食い下がる同じ勝負服のライバルを振り払うように、春秋グランプリ制覇のゴール板を通過した。左手でスタンドを指さした池添騎手はその指に口づけをし、胸前で握りしめた。白い歯がくっきりと見えた。

この勝利でドリームジャーニーは09年のJRA賞最優秀4歳以上牡馬を受賞。見事なカムバックを果たした。

長い中央競馬の歴史の中で、「早熟の誉れ」である最優秀2歳（旧3歳）牡馬と「晩成の頂」最優秀4歳（旧5歳）以上牡馬を両方受賞しているのは、全部で4頭しかいない。メイヂヒカリ、タケシバオー、テンポイント、そしてドリームジャーニーだ。ドリームジャーニー以外の3頭は、すべて顕彰馬である。

そしてドリームジャーニーは父ステイゴールド飛躍のきっかけとなったと言えよう。朝日杯を勝った翌年に種付けされた全弟、のちの三冠馬オルフェーヴルがこの時点で1歳。さらに1年遅れでのちにGⅠ・6勝を挙げるゴールドシップと天皇賞・春を連覇するフェノーメノが生を受けていた。「ステイゴールド一族」の隆盛は、すぐそこまで来ていた。（枝林応一）

3コーナー入り口からロングスパート。小さな馬体に尋常ならぬスタミナが内包されていた。

ドリームジャーニーは翌2010年も現役を続行したが、度重なる脚部不安等で勝利には届かず、2011年宝塚記念を最後に現役を引退、種牡馬入りした。2016年には種付け中の骨折によりシーズンを棒に振り、以降産駒が激減するが、翌年生を受けた数少ない産駒のうちの1頭、ヴェルトライゼンデが2020年ダービーで3着に健闘。この年は初年度産駒、青森県産馬のミライヘノツバサが8歳にしてJRA初重賞をもたらすなど*アーニングインデックス2.36の好成績を残す。これはJRAリーディングサイアー上位50頭の中で堂々の5位にあたる。

＊アーニングインデックス　種牡馬の優劣を現す指標の一つで、産駒の平均収得賞金額を数値化したもの

ドリームジャーニー

性別 牡

毛色 鹿毛

生誕 2004年2月24日〜

父 ステイゴールド

母 オリエンタルアート(母父・メジロマックイーン)

調教師 池江泰寿(栗東)

生涯成績 9-3-5-14

獲得賞金 8億4797万円

勝ち鞍 有馬記念　宝塚記念　朝日杯フューチュリティS
神戸新聞杯　産経大阪杯　小倉記念　朝日チャレンジC

第54回有馬記念(GI)
芝右2500m　晴　良　2009年12月27日　10R

着順	枠番	馬番	馬名	性齢	斤量	騎手	タイム	着差	人気
1	5	9	ドリームジャーニー	牡5	57	池添謙一	2:30.0		2
2	1	2	ブエナビスタ	牝3	53	横山典弘	2:30.1	1/2	1
3	3	6	エアシェイディ	牡8	57	後藤浩輝	2:30.8	4	11
4	8	16	フォゲッタブル	牡3	55	C.ルメール	2:30.8	アタマ	4
5	2	4	マイネルキッツ	牡6	57	三浦皇成	2:31.2	2.1/2	12
6	7	14	セイウンワンダー	牡3	55	藤田伸二	2:31.6	2.1/2	10
7	4	7	マツリダゴッホ	牡6	57	蛯名正義	2:31.9	1.3/4	3
8	6	11	イコピコ	牡3	55	内田博幸	2:32.6	4	9
9	7	13	シャドウゲイト	牡7	57	田中勝春	2:32.7	3/4	16
10	3	5	コスモバルク	牡8	57	五十嵐冬樹	2:32.8	クビ	15
11	2	3	ミヤビランベリ	牡6	57	吉田隼人	2:32.8	アタマ	7
12	8	15	ネヴァブション	牡6	57	北村宏司	2:33.9	7	13
13	4	8	リーチザクラウン	牡3	55	武豊	2:34.6	4	5
14	6	12	テイエムプリキュア	牝6	55	熊沢重文	2:35.7	7	14
15	1	1	アンライバルド	牡3	55	M.デムーロ	2:36.8	7	8
中	5	10	スリーロールス	牡3	55	浜中俊			6

第54回有馬記念（GI）

芝2500m
2009年12月27日（日）
中山10R

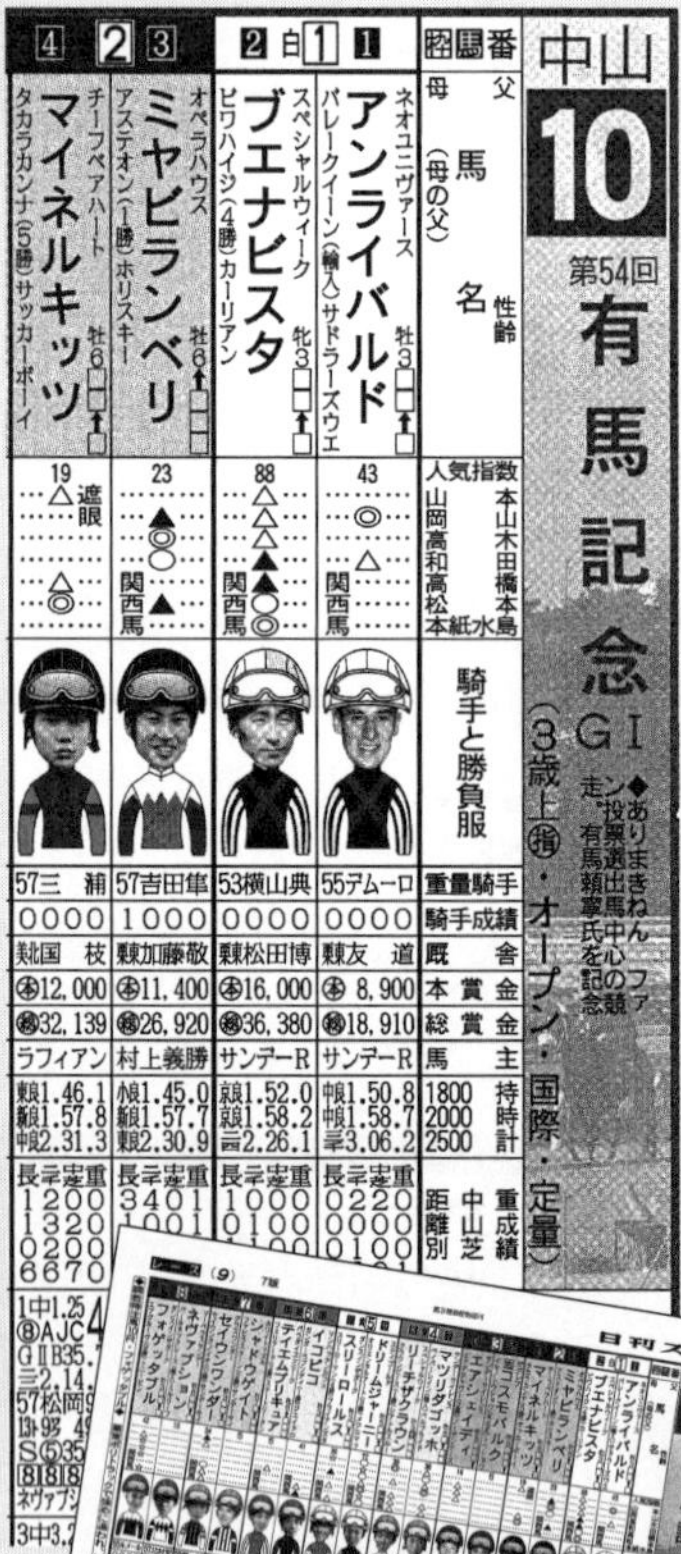

中山 10 第54回 有馬記念 GI （3歳上 指・オープン・国際・定量）

◆ありまきねん ファン投票選出馬中心の競走 有馬頼寧氏を記念

馬番	1	2	3	4
枠	1	白 1	2	2
父	ネオユニヴァース	スペシャルウィーク	オペラハウス	チーフベアハート
馬名 性齢	アンライバルド 牡3	ブエナビスタ 牝3	ミヤビランベリ 牡6	マイネルキッツ 牡6
母（母の父）	バレークイーン（輸入）サドラーズウエ	ビワハイジ（4勝）カーリアン	アステオン（1勝）ホリスキー	タカラカンナ（5勝）サッカーボーイ
人気指数	43	88	23	19
印	◎ △ 関西馬	△△△▲▲◎ 関西馬	▲◎◎ 関西馬 ▲	△ 遮眼 △◎
重量騎手	55デムーロ	53横山典	57吉田隼	57三 浦
騎手成績	0000	0000	1000	0000
厩舎	栗友 道	栗松田博	栗加藤敬	美国 枝
本賞金	8,900	16,000	11,400	12,000
総賞金	18,910	36,380	26,920	32,139
馬主	サンデーR	サンデーR	村上義勝	ラフィアン
持時計 1800	中良1.50.8	京良1.52.0	小良1.45.0	東良1.46.1
持時計 2000	中良1.58.7	京良1.58.2	新良1.57.7	新良1.57.8
持時計 2500	芋3.06.2	芸2.26.1	東良2.30.9	中良2.31.3
重成績 中山芝 距離別（長芋左重）	0220 0000 0100	1000 0100	3401 1001	1200 1320 0200 6670

1中1.25 ⑧AJC GII B35. 57松岡 S⑤35 ネヴァブション 3中3.

日刊スポーツ

2009年（平成21年）12月27日 日曜日

ハッピーの有馬記念

3時25分発走

有馬記念は10R

中山

年末は大井競馬!! 12/29 東京大賞典

年始は川崎競馬!!

馬の上の位置まで分かる

100% ジャーニー 池添引き出す 9

12戦連続コンビ自信持って乗る

今年は違うぞ

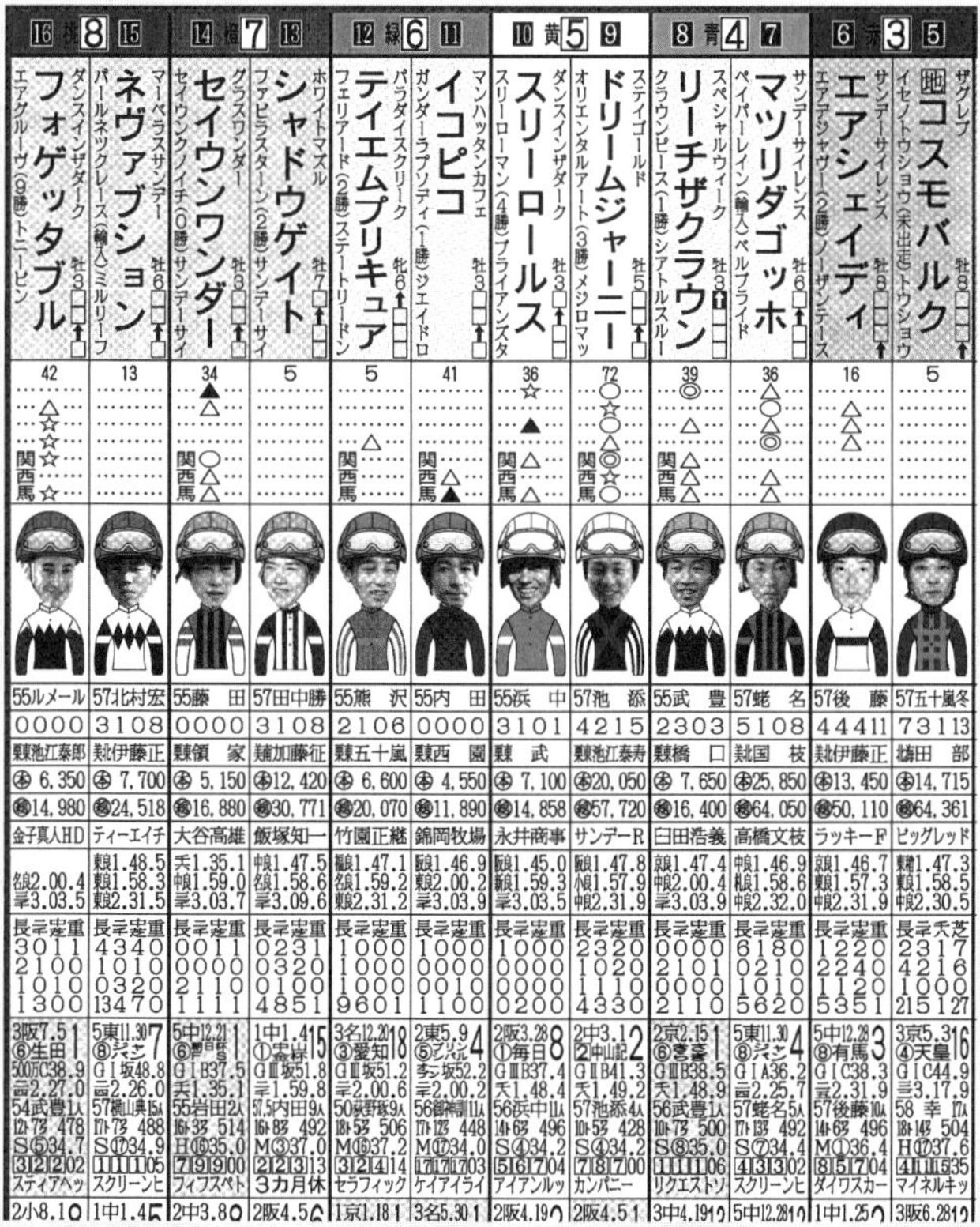

枠番	8 桃		7 橙		6 緑		5 黄		4 青		3 赤	
馬番	16	15	14	13	12	11	10	9	8	7	6	5
父	ダンスインザダーク	マーベラスサンデー	グラスワンダー	ホワイトマズル	パラダイスクリーク	マンハッタンカフェ	ダンスインザダーク	ステイゴールド	スペシャルウィーク	サンデーサイレンス	サンデーサイレンス	ザグレブ
馬名	フォゲッタブル	ネヴァブション	セイウンワンダー	シャドウゲイト	テイエムプリキュア	イコピコ	スリーロールス	ドリームジャーニー	リーチザクラウン	マツリダゴッホ	エアシェイディ	地コスモバルク
母	エアグルーヴ(9勝)トニービン	パールネックレース(輸入)ミルリーフ	セイウンクノイチ(0勝)サンデーサイ	ファビラスターン(2勝)サンデーサイ	フェリアード(2勝)ステートリードン	ガンダーラプソディ(1勝)ジエイドロ	スリーローマン(4勝)ブライアンズタ	オリエンタルアート(3勝)メジロマッ	クラウンピース(1勝)シアトルスルー	ペイパーレイン(輸入)ベルブライド	エアデジャヴー(2勝)ノーザンテース	イセノトウショウ(未出走)トウショウ
性齢	牡3	牡6	牡3	牡7	牝6	牡3	牡3	牡5	牡3	牡6	牡8	牡8
印	42 △☆☆☆☆	13	34 ▲△○△△	5	5 △	41 △▲	36 ☆▲△△	72 ○☆○△◎☆○	39 ◎△△△△	36 △○△◎△△	16 △△△	5
斤量・騎手	55ルメール	57北村宏	55藤田	57田中勝	55熊沢	55内田	55浜中	57池添	55武豊	57蛯名	57後藤	57五十嵐冬
騎手成績	0000	3108	0000	3108	2106	0000	3101	4215	2303	5108	44411	73113
調教師	栗東池江泰郎	美北伊藤正	栗東領家	美浦加藤征	栗東五十嵐	栗東西園	栗東武	栗東池江泰寿	栗東橋口	美北国枝	美北伊藤正	北海田部
本賞金	6,350	7,700	5,150	12,420	6,600	4,550	7,100	20,050	7,650	25,850	13,450	14,715
総賞金	14,980	24,518	16,880	30,771	20,070	11,890	14,858	57,720	16,400	64,050	50,110	64,361
馬主	金子真人HD	ティーエイチ	大谷高雄	飯塚知一	竹園正繼	錦岡牧場	永井商事	サンデーR	臼田浩義	高橋文枝	ラッキーF	ビッグレッド
持ち時計	名良2.00.4 芝3.03.5	東良1.48.5 東良1.58.3 東良2.31.5	芝1.35.1 中良1.59.0 芝3.03.7	中良1.47.5 名良1.58.6 芝3.09.6	福良1.47.1 名良1.59.2 東良2.31.2	阪良1.46.9 東良2.00.2 芝3.03.9	阪良1.45.0 新良1.59.3 芝3.03.5	阪良1.47.8 小良1.57.9 中良2.31.9	京良1.47.4 中良2.00.4 芝3.03.9	中良1.46.9 札良1.58.6 中良2.32.0	京良1.46.7 東良1.57.3 中良2.31.9	東稍1.47.3 東良1.58.5 中良2.30.5
条件別成績	長芝左重 3011 2100 1010 1300	長芝左重 4340 1010 0320 13470	長芝左重 0011 0000 2110 1111	長芝左重 0231 0320 0100 4851	長芝左重 1000 1000 1000 9601	長芝左重 1000 0000 0010 1100	長芝左重 1000 0000 0000 0200	長芝左重 2320 1020 1110 4330	長芝左重 0000 2101 0000 2110	長芝左重 6180 0210 1010 5620	長芝左重 1220 2240 1120 5351	長芝天芝 2317 4216 1000 215127
前走	3阪7.5 1 ⑥生田 500万C38.9 芝2.27.0 54武豊1人 12ト7ヲ 478 S⑤34.7 3 2 2 02 スティアヘッ	5東11.30 7 ⑧ジャパ GⅠ坂48.8 芝2.26.0 57横山典15人 17ト7ヲ 488 S⑰34.9 1 1 1 1 05 スクリーンヒ	5中12.21 1 ⑥朝日杯FS GⅠB37.5 芝1.35.1 55岩田2人 16ト3ヲ 514 H⑯35.0 7 9 9 00 フィフスペト	1中1.4 15 ①金杯 GⅢ坂51.8 芝1.59.8 57.5内田9人 16ト8ヲ 492 M③37.0 2 2 3 13 3カ月休	3名12.20 18 ③愛知 GⅢ坂51.2 芝2.00.6 50荻野琢9人 18ト5ヲ 506 M⑯37.2 3 2 4 14 セラフィック	2東5.9 4 ⑤プリンシパル オープン坂52.2 芝2.00.2 56御神訓11人 17ト12ヲ 448 M⑰34.0 17 17 17 03 ケイアイライ	2阪3.28 8 ①毎日 GⅢB37.4 芝1.48.4 56浜中11人 14ト6ヲ 496 S④34.2 5 6 7 04 アイアンルッ	2中3.1 2 2中山記 GⅡB41.3 芝1.49.2 57池添4人 10ト5ヲ 428 S④34.2 7 8 7 00 カンパニー	2京2.15 1 ⑥きさらぎ GⅢB38.5 芝1.48.9 56武豊1人 10ト7ヲ 500 S⑧35.0 1 1 1 1 06 リクエストソ	5東11.30 4 ⑧ジャパ GⅠA36.2 芝2.25.7 57蛯名5人 17ト13ヲ 492 S⑦34.4 4 3 3 02 スクリーンヒ	5中12.28 3 ⑧有馬 GⅠC38.3 芝2.31.9 57後藤10人 14ト6ヲ 496 M①36.4 8 5 7 04 ダイワスカー	3京5.3 16 ④天皇 GⅠC44.9 芝3.17.9 58 幸 17人 18ト14ヲ 504 H⑰37.6 4 11 15 35 マイネルキッ
	2小8.1	1中1.4	2中3.8	2阪4.5	1京1.18 1	3名5.30 1	2阪4.19	2阪4.5 1	3中4.19	5中12.28	1中1.25	3阪6.28

日刊スポーツ新聞社

2010年代へと続く物語は、すでに始まっていた

ブエナビスタをはじめ、アンライバルド、スリーロールス、フォゲッタブルなど3歳馬が7頭出走。新世代の勢いを感じさせるメンバー構成となった。しかし勝利したのは5歳馬ドリームジャーニー、3着は8歳馬エアシェイディだった。ドリームジャーニーの能力を引き出す騎手として見出しに登場している池添騎手は、その後ドリームジャーニーの全弟オルフェーヴルとのコンビで三冠ジョッキーになる。

2009年
高松宮記念

ローレルゲレイロ

「競馬を仕事にしたい！」情熱を呼び起こしてくれた馬

2009年高松宮記念の優勝馬ローレルゲレイロ。この馬が見せてくれた「不屈」が、私の人生を変えてくれた。

当時、私はとある流通業界紙の記者だった。懇意にしている、水産卸会社が平塚のスーパーマーケットで朝市を開くので取材をしてほしいとのことだった。なにぶん早朝なので会社からは前泊を指示されたのだが、土曜日の夜に仕事として前泊するのがどうにも嫌で、「それならレンタカーを借りて未明に出発し、朝に取材先に着く方が楽です」というようなことを上司に言った覚えがある。「いや、交通事故になったら責任問題になるからやめろ」と上司にはきつく言われたのだが、最終的には「俺は聞かなかったことにする」との言葉を得て、右記に至ったのだ。思えばこの上司とは言い争いばかりしていた。

午前3時に家を出て、運転する道々考えた。なぜこの仕事をしているのであろうか。入社して1年が経とうとしていた。仕事を覚えて日々の業務を何とかこなせるようになってはいたものの、とにかく辛かった。どんな職業でも新入社員の1年目は、とかく苦しいものであると思うが、その辛さ、苦しさをずっと乗り越えられるほどの情熱を持ち合わせてはいなかった。信号待ちの間にガラケーで見た某競馬専門紙のWEBサイト。○○…と知った名前が新入社員として紹介されている。何か悔しい気持ちがこみ上げてきた。

その前年、私は彼らと一緒に某競馬専門紙の最終面接に臨んでいた。競馬を仕事にできると思っていたのだが結果、私だけが落ちた。当時は「まあ人生そんなものか」程度にしか捉えていなかったが時が経つにつれて憧れというのは積み重なっていくものである。よく分からない仕事をしている自分がひどく惨めに思えて泣きそうになる。その瞬間にふっと思い出す。今日の高松宮記念のローレルゲレイロはどうだろうか。

時は更に遡る。07年秋に試験の一環として某競馬専門紙の体験入社へ行った際、どこからか「ローレルゲレイロは香港を使いたいんやけど、あの馬コースではめっちゃ引っ掛かるからなあ。現地での調整が難しいんやないか、と言う話をしとったわ」というトラックマンの声が聞こえてきた。単なる世間話程度の内容だったのだが、トレセンの内部情報というか競馬マスコミの機微に触れた気がして、以来ローレルゲレイロを応援するようになっていたのだ。

ローレルゲレイロは2歳時に世代一番乗りで新馬勝ちを果たすと函館2歳S、デイリー杯2歳S、朝日杯フューチュリティSをすべて2着。3歳時はシンザン記念3着、アーリントンC2着を経て皐月賞が6着。NHKマイルCでは1番人気に推されての2着だった。トップランクの力を感じさせながらも勝ち切れない、その様はまさしく父キングヘイローを彷彿とさせ、実際キングヘイロー同様に4歳で重賞連勝。そして勇躍臨んだのが前年の高松宮記念だった。いつものように押して押してハナへ。溜め逃げ*の格好から直線へ向いたがフサイチリシャールにあっさり先頭を奪われてしまう。そこから驚くほどの差し返しを見せて頑張ったものの4着。またしてもビッグタイトルに手が届かなかった。そして骨折が判明。休養を余儀なくされる。翌09年は阪急杯2着と再上昇を示しての臨戦だったが前年の勢いには遠く及ばないというのが多くの競馬ファンの認識であったと記憶している。

自分も無理だと思っていた。本格化成ったと思えた前年ですらダメだったのに、ちょっと良化を示したくらいでは厳しいだろう。それでも気になってはいた。取材は1時過ぎくらいに一段落つき、仕事自体はほぼ終わっていた。昼食をとるために車へ戻り、ラジオをつけると聞きなれた、あのファンファーレ。ラジオ日本の競馬中継だった。聞いていくうちにどんどん気持ちが高揚していった。その車はカーナビこそついていたがテレビは非搭載だった。家電量販店で高松宮記念を見るかと考えていたところで大学院の友人から「今ウインズ汐留にいるから一緒に競馬を見ないか」というメールが届いた。それなら、と汐留に向かう。

都内へ戻る道々また考える。ああ、やっぱり競馬を仕事にしたいな、と。この1年、歯を

＊溜め逃げ　すぐ後ろに後続馬を引き連れて逃げること。後続を離すと大逃げとなる

食いしばって耐えた。自分を信頼して遠方の取材を頼んでくれる人もいる。多分、変な気を起こさなければ業界紙の記者として、それほど不自由なく人生を歩むことができるのではないだろうか。でも果たして、それで後悔しないだろうか。もう一度、自分の夢にトライしてもいいのではないか。何年かかってでも競馬を生業にするという目標を掲げてもいいのではないか。そんなことを考えながら車を走らせていた。

ウインズ汐留に到着したのはレースが発走する直前。ローレルゲレイロは今回も逃げた。逃げたというよりも外のジョイフルハートに譲ってもらったかと思えるぐらいに、見た目のテンのダッシュは昨年よりも悪いように映った。

溜め逃げも前年と同じだった。4角までに一気に馬群が凝縮。とりわけ真後ろに位置したスリープレスナイトの手応えがいい。直線へ向いて、そのスリープレスナイトが並びかけてくる。差し切られるかと思った刹那、ローレルゲレイロがもうひと伸びを見せる。そこで決まった。ソルジャーズソング、トウショウカレッジあたりが伸びてきていたが届くほどの勢いはない。右手を上げる藤田伸二騎手がとにかく格好良かった。

ローレルゲレイロと自分を重ね合わせたわけではない。おこがましいし、出来過ぎた話を書くつもりもない。ただ、情熱を呼び覚ましてくれたのは確かである。そして、ありがたいことに今、競馬マスコミの末席に居させて頂いている。

（兎渡谷岳司）

外から迫るスリープレスナイトに交わされそうで交わされない。脅威の末脚でGI初制覇。

朝日杯FSを筆頭に短距離重賞で2・3着だった安定性から単勝5.5倍の1番人気に支持されたNHKマイルCでは2着。1着17番人気ピンクカメオ、3着18番人気ムラマサノヨートーで3連単973万円という大波乱となった。種牡馬入りしてからは200頭弱の産駒を送り出したが、出世頭は準オープンを2勝したアイライン（母ローレルシャイン）。重賞ウイナーは誕生しなかった。18年以降、種付け頭数は5、3、3頭と如実に減っており、21年は種付けそのものが確認できていない。

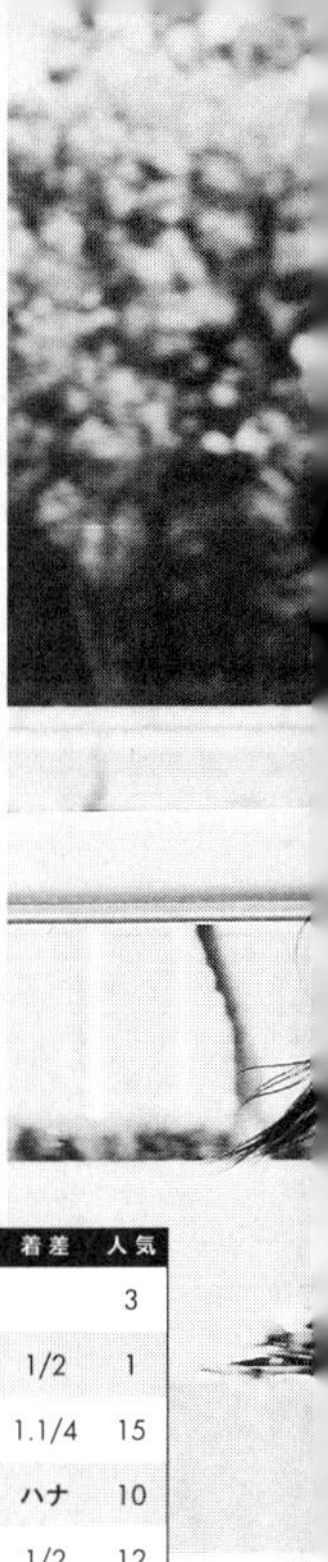

ローレルゲレイロ

性別 牡

毛色 青鹿毛

生誕 2004年5月3日〜

父 キングヘイロー

母 ビッグテンビー（母父・テンビー）

調教師 昆貢（栗東）

生涯成績 5-7-2-17

獲得賞金 4億8248万円

勝ち鞍 高松宮記念　スプリンターズS　東京新聞杯　阪急杯

第39回高松宮記念（GI）
芝左1200m　晴　良　2009年3月29日　11R

着順	枠番	馬番	馬名	性齢	斤量	騎手	タイム	着差	人気
1	7	13	ローレルゲレイロ	牡5	57	藤田伸二	1:08.0		3
2	2	4	スリープレスナイト	牝5	55	上村洋行	1:08.1	1/2	1
3	1	2	ソルジャーズソング	牡7	57	北村友一	1:08.3	1.1/4	15
4	3	5	トウショウカレッジ	牡7	57	内田博幸	1:08.3	ハナ	10
5	1	1	コスモベル	牝5	55	佐藤哲三	1:08.4	1/2	12
6	4	8	ファリダット	牡4	57	四位洋文	1:08.4	クビ	2
7	2	3	アポロドルチェ	牡4	57	勝浦正樹	1:08.7	1.3/4	14
8	4	7	アーバンストリート	牡5	57	福永祐一	1:08.7	アタマ	7
9	8	17	スプリングソング	牡4	57	池添謙一	1:08.7	アタマ	11
10	5	9	キンシャサノキセキ	牡6	57	岩田康誠	1:08.8	クビ	5
11	7	14	ドラゴンファング	牡4	57	藤岡佑介	1:08.8	クビ	9
12	3	6	ウエスタンダンサー	牝5	55	川田将雅	1:08.9	1/2	13
13	6	11	アイルラヴァゲイン	牡7	57	津村明秀	1:08.9	ハナ	17
14	7	15	アーバニティ	牡5	57	横山典弘	1:09.0	クビ	6
15	6	12	ヘイローフジ	牝6	55	飯田祐史	1:09.0	クビ	16
16	8	16	ビービーガルダン	牡5	57	武幸四郎	1:09.2	1.1/2	4
17	5	10	ファイングレイン	牡6	57	幸英明	1:09.4	1	8
18	8	18	ジョイフルハート	牡8	57	太宰啓介	1:11.5	大	18

2009年
天皇賞・春

マイネルキッツ

一戦ごとに成長の大器晩成馬「状態はいい」——感触通り大穴激走

毎週末に開催されている中央競馬。この中で私が予想するレースは関東の主場12Rと関西の9〜12R。これだけでも年間に1600を超えるのだが、さらに関西第3場（中京や小倉）のメインレースや変則3日間開催を足すとその数は1700に迫る。ふだんは気にせず仕事に取り組んでいるが、文字にしてみるとなかなか強烈。

これを20年以上も続けているのだから、悔しい思いをした予想あり、気分爽快のものあり。大半が、「こっちに◎を打つべきだったか…」のような後悔めいたものだが、会心の一撃ももちろんある。そのひとつが2009年の天皇賞・春。優勝馬のマイネルキッツが本命だった。

2歳の9月にデビューしたマイネルキッツは2戦目に勝ち上がると、その後はしばらく勝ち星から遠ざかり、2勝目は3歳同月の恵庭岳特別（札幌）。1000万下（現在の2勝クラス）へ昇級後は連対こそ果たすものの勝利の女神には振り向いてもらえず、3勝目は降級後の同じ恵庭岳特別（降級制度は19年で廃止）。高い能力を秘めながら、気性の難しさが次の勝利を遠いものにしていた。しかし、この恵庭岳特別から装着したブリンカー*がマイネルキッツの能力発揮をアシストする。次走の精進湖特別はこの馬具を外して5着に敗れたが、再装着した神奈川新聞杯で1000万下を勝ち上がり、年が明けた5歳の2月に1600万下（現在の3勝クラス）の早春Sで5勝目をあげてオープン入り。重賞初挑戦のエプソムCは5着だったが、七夕賞3着→新潟記念2着とステップアップ。そしてオールカマーから、マイネルキッツを所有するラフィアンターフマンクラブの主戦ジョッキー・松岡正海騎手を鞍上に迎えて秋競馬へ…。だが、届きそうで届かない重賞のタイトル。毎回のように勝負どころの反応が鈍く、エンジンが全開になったところでゴールというレースが続く。福島記念からの4走はすべてメンバー1、2位の上がり3ハロンをマークするものの、福島記念と日経賞の2着が最高着順。重賞未勝利のままGⅠ初出走の天皇賞へと駒を進めた。

この年の〝ハルテン〟は、菊花賞馬のアサクサキングスや、前年のジャパンCを制したスクリーンヒーロー。そして、平成の盾男の異名を持つ武豊騎手が騎乗するモンテクリスエスが上位人気を形成。その他にも、前哨戦を勝って勢いに乗るアルナスラインやドリームジャーニーなど多彩なメンバー構成。ただ、確たる中心馬が不在なだけに、「有力馬がみんな勝ちに動きそうだから、穴は無欲で乗れる馬」と心に決め、それを予想の切り口にした。

そしてレースの2週前。松岡騎手と話す機会があり、本命候補の1頭だったマイネルキッ

***ブリンカー**　350度近い馬の両眼に装着、視界の一部を遮ることで馬を競走に集中させるための馬具。遮眼革とも称される

ツについて聞いてみると、「相手も揃っているし、掲示板に載れればいいかな…。状態はスゴくいいけど」との答え。いつもは強気なコメントが多い「お松」がずいぶんと控えめ！　これで私の心は決まり、発表された枠順は2番。自信は確信へと変わった。

ゲートが開くと先手を奪ったのは牝馬のテイエムプリキュア。しかし、そうはさせまいと薑毛のホクトスルタンがハナを叩くが、1周目のスタンド前ではシルクフェイマスが先頭へ。混戦らしく序盤から出入りの激しいレースになり、1600mの通過1分37秒0と淀みない流れでレースは進む。人気のアサクサキングスとスクリーンヒーローは中団より少し前で構え、マイネルキッツはこれらを視界に入れる位置で折り合いをつける。向正面でようやくラップは落ち着くが、シルクフェイマスが失速してホクトスルタンが先頭に立つと再びペースアップ。ここで人気の両馬が追い上げを開始し、松岡騎手も離されないようにパートナーへ合図を送る。そして淀の坂へさしかかるが、ここでマイネルキッツに嬉しい誤算が生じる。いつもならジョッキーの手が動くところなのだが、下り坂が味方をしたか抜群の手応えで4コーナーへ。左前方には人気の2頭。松岡騎手は躊躇なくインコースへ進路を取り、大観衆が待つ直線へ。

12番人気の伏兵が目標に定めた2頭は早めに動いた影響で早々と後退するが、代わりに襲いかかってきたのがアルナスライン。その勢いは素晴らしく、マイネルキッツも飲み込まれそうになるが、日経賞で後塵を拝した相手に負けまいと松岡騎手のムチに応えてマイネルキッツはもうひと踏ん張りし、クビ差の接戦を制して先頭でゴールイン。日経賞で小差だったアルナスライン（4番人気）とモンテクリスエス（3番人気）に比べて低評価の扱いだったが、その盲点を突けたことも私としては会心だった。

マイネルキッツはその後も息長く活躍し、8歳の暮れにステイヤーズSを制覇。10歳まで現役を続けたあとは根岸競馬記念公苑に併設されているポニーセンターで余生を送っている。数年前、JRAの施設見学懇親会でこのセンターを訪問。乗馬としてひとを乗せられるようになったマイネルキッツに跨がらせてもらい、その背中を味わいながら、「天皇賞はありがとう」とお礼を言うことができた。GⅠで本命を打ち、期待に応えてくれたその馬に乗るという経験は二度とないだろう。

センターの方によると、マイネルキッツを厩舎から引き継ぐときに、「（気性が悪いので）覚悟してください」と言われ、入所当初はかなり苦労したとか。それがトレーニングを積み、今ではこんなこともできるようになりましたと、マイネルキッツのお尻に抱きついてみせ、「ここまでになれたことは私たちの自信にもなりました」と話してくれた。

またいつか、マイネルキッツに会いに行きたい。それまでに、あの天皇賞を超える会心の一撃を決めなければ。

（久保木正則）

道中は内で脚をため、直線入り口でスパート。内からアルナスラインをかわしての大金星。

10歳の2013年まで現役を続けたマイネルキッツは母の一番仔。1歳下の半妹マイネカンナ（父アグネスタキオン）は08年の福島牝馬Sを勝っており、5歳下の半弟マイネルマークはJRAの平地競走で3勝、12年のアルゼンチン共和国杯を3着したのちに障害入りして未勝利戦を勝っている。また一番下の弟であるセンコーファースト（父アイルハヴアナザー）はホッカイドウ競馬で13勝をマーク。21年で7歳になるが現役で走っている。マイネルキッツを含め8頭に新馬戦優勝馬はいないが、息の長い活躍をする馬が多い。

マイネルキッツ

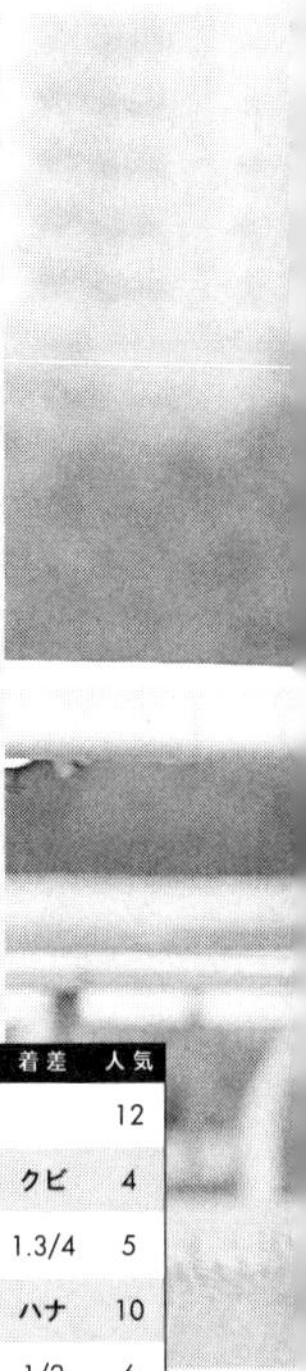

性別 牡

毛色 栗毛

生誕 2003年3月18日〜

父 チーフベアハート

母 タカラカンナ（母父・サッカーボーイ）

調教師 国枝栄（美浦）

生涯成績 8-8-2-34

獲得賞金 5億5703万円

勝ち鞍 天皇賞・春　日経賞　ステイヤーズS

第139回天皇賞・春（GI）
芝右3200m　曇　良　2009年5月3日　10R

着順	枠番	馬番	馬名	性齢	斤量	騎手	タイム	着差	人気
1	1	2	マイネルキッツ	牡6	58	松岡正海	3:14.4		12
2	2	4	アルナスライン	牡5	58	蛯名正義	3:14.4	クビ	4
3	6	12	ドリームジャーニー	牡5	58	池添謙一	3:14.7	1.3/4	5
4	1	1	サンライズマックス	牡5	58	福永祐一	3:14.7	ハナ	10
5	2	3	ジャガーメイル	牡5	58	安藤勝己	3:14.8	1/2	6
6	4	8	トウカイトリック	牡7	58	和田竜二	3:15.1	1.3/4	15
7	8	18	ヒカルカザブエ	牡4	58	秋山真一郎	3:15.2	1/2	7
8	4	7	ポップロック	牡8	58	川田将雅	3:15.2	クビ	16
9	8	17	アサクサキングス	牡5	58	四位洋文	3:15.3	3/4	1
10	7	13	デルタブルース	牡8	58	岩田康誠	3:16.2	5	13
11	5	10	ゼンノグッドウッド	牡6	58	武幸四郎	3:16.4	1.1/4	9
12	7	15	モンテクリスエス	牡4	58	武豊	3:16.7	1.3/4	3
13	6	11	ネヴァブション	牡6	58	後藤浩輝	3:16.7	クビ	11
14	8	16	スクリーンヒーロー	牡5	58	横山典弘	3:17.1	2.1/2	2
15	5	9	ホクトスルタン	牡5	58	小牧太	3:17.3	1	8
16	7	14	コスモバルク	牡8	58	幸英明	3:17.9	3.1/2	17
17	3	5	シルクフェイマス	牡10	58	藤岡佑介	3:18.8	5	18
18	3	6	テイエムプリキュア	牝6	56	荻野琢真	3:20.6	大	14

2009年
オークス

ブエナビスタ

追う者の意地か、追われる者の執念か 雪辱と二冠達成の狭間で

追う者が強いのか、それとも追われる者が強いのか――。

どの業界においても、なかなか決着がつきにくいテーマだが、競馬は、先手必勝の要素が強い競技。数字上では、追う立場の差し・追込み馬より、逃げ・先行馬が圧倒的に強い。しかしながら、GⅠを複数勝つような超一流馬は、追う側の割合が多いように思う。瞬発力を武器とするサンデーサイレンスの産駒が登場して以降、その傾向はより顕著になった。

2009年のオークスのゴール前では、まさにこの図式を象徴するような、女同士の白熱した攻防が繰り広げられた。

桜花賞から距離が800mも延びるオークス。若き乙女たちにとっては、まだ過酷な条件である。そのせいか、昭和の後期から平成初期にかけて、桜花賞で大敗した馬や、桜花賞に出走すらしていなかった二桁人気馬が激走し、波乱の決着となることが度々あった。その後、サンデーサイレンスが日本の競馬を席巻し、さらに育成や調教の技術がそれまで以上に進歩

し、外厩施設が充実した現代競馬においては、上位人気馬がそのとおり好結果を収めることが多くなった。

図らずも、05〜10年のオークスは、そうした馬たちがゴール前で接戦を繰り広げるレースが多い。21年現在、GI史上唯一の1着同着となった、10年のアパパネとサンテミリオンの死闘はその最たる例。他にも、05年のシーザリオとエアメサイアの対決に、ローブデコルテがベッラレイアをゴール前で差し切った07年。そして、冒頭に触れた09年もそうだった。

このとき、人気は2頭に集中。とりわけ、単勝1・4倍と、既に絶対的存在になりつつあったのが、桜花賞馬のブエナビスタである。前年10月、いわゆる「伝説の新馬戦」でデビューすると、出遅れが響き3着に敗れたものの、勝ったのは後の皐月賞馬アンライバルド。2着には、ダービーでも2着となるリーチザクラウンが続き、後の菊花賞馬スリーロールスが4着。新馬戦史上、歴代ナンバー1メンバーが集まったといっても過言ではないレースだった。

続く未勝利戦を楽勝し、一気にGIの阪神ジュベナイルフィリーズも勝利すると、チューリップ賞、桜花賞まで4連勝。牝馬には一度も先着を許すことなく、二冠を目指し出走してきた。

一方、2番人気となったのはレッドディザイア。新馬戦、エルフィンSと連勝で臨んだ桜花賞は、ゴール寸前でブエナビスタに差され、惜しくも半馬身差の2着。とはいえ、ブエナビスタ以外には負けておらず、桜花賞の雪辱を果たすと同時に、樫*の女王の座を狙っていた。ゲートが開き、五分のスタートを切った両者。ただ、ちょうど中団につけたレッドディザイアに対し、指定席とはいえ、ブエナビスタは後ろから2頭目と極端な位置に構えていた。先頭を行くヴィーヴァヴォドカが刻むペースは、1000m通過61秒0と、平均より少し遅めのペース。そこからレッドディザイアまでは、10馬身ちょっとの差。ブエナビスタとは、実に20馬身以上の差がついていた。

3コーナーを過ぎると、ヴィーヴァヴォドカはさらにリードを広げ始め、後方各馬、特にブエナビスタの手が盛んに動き始める。それでも、先頭とは15馬身以上。4コーナーで馬群の大外を回ったことで、前との差をさほど詰められないまま最後の直線を迎えた。

一方のレッドディザイアは、4コーナーでも内目をスムーズに回り、直線入口で5番手に進出。先頭までは、3馬身差のところに迫る。そして、400mの標識から満を持して追われ始めると、残り250mで先頭。後続に対して、あっという間に2馬身のリードを取った。

そのとき、ライバルの完璧なレース運びを、はるか前方に見ていたブエナビスタは、一転窮地に陥っていた。コーナリングも響いたが、直線に向いたところで、安藤勝己騎手は、内か外か、どちらに進路を取るべきか迷ってしまったのだ。残り200mを切っても、まだレッドディザイアとは5馬身の差。それは、一流馬でも絶望的と思える差だった。

＊**樫の女王**　オークス馬のこと。オーク（oak）＝樫から

しかし、若くして絶対女王の雰囲気をまとっていた桜花賞馬は、エンジンがかかってからの伸びが尋常ではない。2番手のジェルミナルを一瞬でかわすと、そこから一完歩ごとに差が縮まる。3歳の牝馬が、かつてGIで見せたことのないような末脚。それを可能にするのは、もちろん、自身の能力の高さによるところが大きい。しかし、意地でも負けられないということを、ブエナビスタ自身が分かっているような、鬼神のごとき追込みだった。

ただ、レッドディザイアにとってもそれは同じ。ブエナビスタに敗れたのは1度のみで、半馬身差の接戦。樫の女王だけは譲れないという執念は、桜の女王の意地に全くひけを取らない。

追う者の意地か、追われる者の執念か――。

二頭の思惑と馬体が重なったところにゴール板があった。直後、「雪辱か、二冠達成か!」という、舩山陽司アナウンサーの実況が場内に響き渡る。まさに一進一退、紙一重の攻防。期せずして、場内からは大きな拍手と歓声が沸き起こった。

写真判定の結果、わずかに前に出ていたのは追う者の側、ブエナビスタの鼻先。レース後のインタビューで、安藤勝己騎手が苦笑いを交えながらも、一言目に発した「負けてなくて良かったなと思います」という言葉が全てを物語っていた。片や、レッドディザイアとともに名勝負を生みだした、四位洋文騎手の完璧な騎乗も忘れてはならない。この、あまりにも悔しすぎる敗戦が、5カ月後、歓喜へと繋がっていったのである。

（齋藤翔人）

ラストの伸び脚はまさに異次元。ゴール寸前でレッドディザイアをかわしたブエナビスタ。

確実に伸びる末脚を武器に堅実な走りを見せ、本命党を喜ばせ続けたブエナビスタ。2021 年現在、19 戦連続 1 番人気や、GI 連対回数 13 回といった、JRA 史上最多記録も保持している。母娘制覇を達成した阪神ジュベナイルフィリーズから常に第一線で活躍。「強い牝馬」を象徴するような一頭である。引退まで大きなケガもなく、通算 23 戦した現役生活は、「無事是名馬」と呼ぶに相応しく、大いに称賛されるべき功績だろう。2011 年の有馬記念を最後に繁殖入り。初仔のコロナシオンを出産して以降、毎年のように産駒を輩出しているが、重賞勝ち馬は未だ出現していない。母と肩を並べ、超えていくような産駒の出現を心待ちにしているファンは、決して少なくないはずだ。

ブエナビスタ

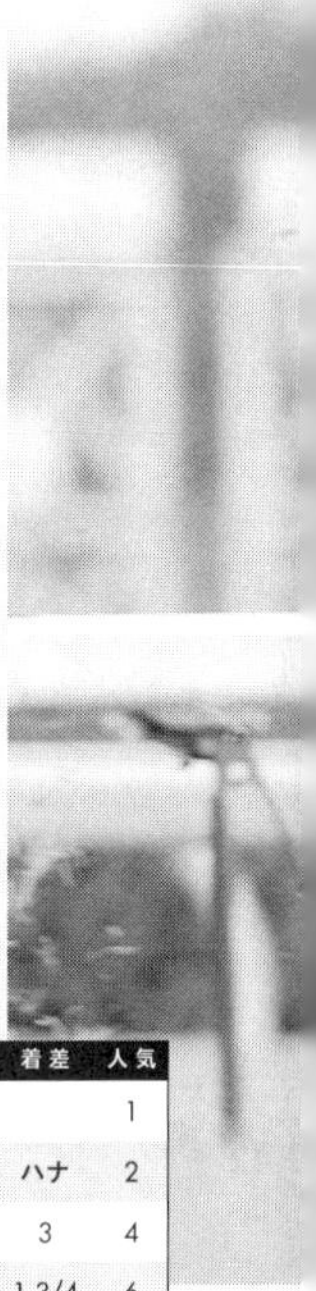

性別 牝

毛色 黒鹿毛

生誕 2006年3月14日〜

父 スペシャルウィーク

母 ビワハイジ（母父・Caerleon）

調教師 松田博資（栗東）

生涯成績 9-8-3-3

獲得賞金 13億8643万円

勝ち鞍 阪神ジュベナイルフィリーズ　桜花賞　オークス
ヴィクトリアマイル　天皇賞・秋　ジャパンC
京都記念　チューリップ賞

第70回優駿牝馬（GI）
芝左2400m　晴　良　2009年5月24日　11R

着順	枠番	馬番	馬名	性齢	斤量	騎手	タイム	着差	人気
1	4	7	ブエナビスタ	牝3	55	安藤勝己	2:26.1		1
2	2	3	レッドディザイア	牝3	55	四位洋文	2:26.1	ハナ	2
3	7	14	ジェルミナル	牝3	55	福永祐一	2:26.6	3	4
4	7	13	ブロードストリート	牝3	55	藤田伸二	2:26.9	1.3/4	6
5	4	8	ディアジーナ	牝3	55	内田博幸	2:27.1	1.1/2	3
6	8	17	デリキットピース	牝3	55	柴田善臣	2:27.5	2.1/2	5
7	6	12	ダイアナバローズ	牝3	55	角田晃一	2:27.5	ハナ	12
8	7	15	ハシッテホシーノ	牝3	55	松岡正海	2:27.6	クビ	7
9	3	5	ダノンベルベール	牝3	55	後藤浩輝	2:27.9	2	8
10	2	4	ヴィーヴァヴォドカ	牝3	55	村田一誠	2:28.0	クビ	9
11	3	6	フミノイマージン	牝3	55	太宰啓介	2:28.0	クビ	16
12	8	18	サクラローズマリー	牝3	55	三浦皇成	2:28.1	クビ	11
13	5	9	ルージュバンブー	牝3	55	田中勝春	2:28.3	1.1/2	13
14	1	1	マイティースルー	牝3	55	小野次郎	2:28.7	2.1/2	15
15	5	10	ツーデイズノーチス	牝3	55	武豊	2:29.0	1.3/4	10
16	1	2	パドブレ	牝3	55	西田雄一郎	2:29.3	1.3/4	17
17	6	11	イナズマアマリリス	牝3	55	武幸四郎	2:29.4	3/4	14
除	8	16	ワイドサファイア	牝3	55	岩田康誠			

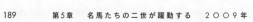

2009年
菊花賞

スリーロールス

伝説の新馬戦、最後の刺客
あがり馬の大激走

競馬というスポーツにロマンや劇的な興奮を求めている以上、我々はついつい強い言葉を使って彼らを表現してしまう。史上最強馬、究極の逃げ馬、伝説の逆転劇…。史上最強世代と呼ばれるような世代が複数あることからも、その傾向は伺える。

無論、それらの中には「異名に偽りなし」というものも存在する。

その一つとしてあげられるのが、2008年10月26日に開催された「伝説の新馬戦」だろう。春のクラシック未出走のオウケンブルースリが勝利し、2着に15番人気のフローテーションが食い込んだ08年菊花賞。この日の第5レース芝1800m戦が、のちに伝説の新馬戦と呼ばれる一戦である。結果は1着アンライバルド、2着リーチザクラウン、3着ブエナビスタ。翌春、この3頭はクラシック戦線で活躍。ブエナビスタは桜花賞・オークスの二冠を獲得、アンライバルドは皐月賞を制覇、リーチザクラウンはダービー2着と好走した。スリーロールスはこの3頭に続く4着で新馬戦を終えていた。

スリーロールスは強敵と縁のある競走馬だった。未勝利戦ではステイヤーズSで4着などの成績を残すピエナファンタストに勝ち上がりを阻まれ、未勝利戦を脱出した次走でも、のちに天皇賞・春で3着に食い込むメイショウドンタクと激突。さらにその次走500万下では札幌記念など重賞4勝をあげるフミノイマージンが立ちはだかる。休養を挟み、再始動した初戦の1000万下では、日経新春杯・京都大賞典を制するメイショウベルーガに敗れた。

一方で、勝ちきれない日々の積み重ねにも収穫はあった。後方からの追い込みから、好位から抜けだすスタイルへのシフト。デビューから安定しなかった鞍上を、若手の浜中俊騎手に固定。そして障害訓練による足腰の強化。管理する武宏平調教師は、平地GI勝ちこそなかったものの、メルシータカオー、メルシーエイタイムで中山大障害を2勝していた。そうしたノウハウの蓄積、活用がスリーロールスを強くしていったのである。

そして9月末、菊花賞の1カ月前の条件戦・野分特別。過去にはヒシミラクル*も制した一戦で、スリーロールスは才能を開花させる。同期の素質馬ジャミールや古馬を相手にし、2着に4馬身差をつける快勝。菊花賞への挑戦可能な賞金を手にした。

09年のクラシック戦線と言えば、どしゃ降りのなか開催されたダービーがその後の戦局を大きく左右した。レースのダメージもあってか、ダービー馬ロジユニヴァースやNHKマイルC勝ち馬ジョーカプチーノが長期にわたり戦線離脱。その他の出走馬にも、大雨の影響を

＊ヒシミラクル　菊花賞、春の天皇賞、宝塚記念とGIを3勝した名馬。10・7・6番人気で勝ち穴馬の代名詞とされることも

引きずっている馬は少なくなかった。

迎えた菊花賞当日。ダービーとは打って変わって晴れた競馬場に、18頭の優駿が集まった。1番人気はリーチザクラウン、3番人気はアンライバルド、スリーロールスは8番人気。スリーロールスにとっては、前年の菊花賞と同日に行われた新馬戦以来となる邂逅だった。

レースが始まると、リーチザクラウンが積極策に出る。ハナを主張し、レースを引っ張っていく。2番手に10馬身ほど差をつける、大逃げだった。スリーロールスは4番手、アンライバルドは5番手といずれも好位につける。リーチザクラウンの鞍上は武豊騎手、アンライバルドの鞍上は岩田康誠騎手。弱冠20歳の浜中騎手は、そうしたベテランたちを相手に、堂々と好位を確保したのだった。

最終直線、なおも粘ろうとするリーチザクラウン。スリーロールスは、ターフビジョンに驚いて外へ膨れる——が、後方から猛然と追い込んでいたフォゲッタブルに馬体を併せることで盛り返す。3000m近く周回してきたあととは思えない、2頭の猛然とした追い比べ。

ゴールを通過した瞬間、浜中騎手はガッツポーズ。2着フォゲッタブルとは僅かハナ差のみという結果だったが、それでも勝利を確信した若武者は、顔を綻《ほころ》ばせた。

スリーロールス、伝説の新馬戦から1年後、同期の伝説たちを撃破。

そうして、新馬戦から始まったひとつの大きな物語はフィナーレを迎えた。

菊花賞制覇後、スリーロールスは有馬記念に出走。しかしレース中に左前浅屈腱不全断裂を発症し、引退となった。GⅠタイトルひとつのみ、それも長距離戦という肩書きでは、種牡馬として牝馬を多く集めるにはやや物足りない。スリーロールスが永きにわたり自らの血を広げていくことは難しいだろう。

一方で、菊花賞当日の新馬戦は、それまで以上の好メンバーが揃う一戦になった。スリーロールスの活躍も、無関係とは言えないはずだ。スリーロールスが菊花賞を制覇した日に同競馬場でデビューしたのが、ヴィクトワールピサとローズキングダム。ヴィクトワールピサは翌年に皐月賞・有馬記念を制し、4歳になってドバイワールドカップを制覇した。ローズキングダムは年末に朝日杯フューチュリティSを制すると、翌年にはジャパンCを勝利している。それ以降も、菊花賞当日の新馬戦といえば、ダノンバラード（10年）、エピファネイア（12年）といった名馬が続々デビュー。近年でもワールドプレミア（18年）、シャフリヤール（20年）といったクラシックホースを輩出している。11年に同新馬戦で3着だったアロマティコは秋華賞3着など活躍したほか、繁殖としても優秀な戦績を残していて、エピファネイアとの配合も実現。そうした一種の「同窓生」のような輪が広がっていく。競走馬も、なにも血だけではない。伝統や、あるいは一種のノウハウとして、競走馬は自らの足跡を後世に遺していくことができるのである。

（横山オウキ）

大逃げを打ち直線でも粘るリーチザクラウンをゴール直前でかわしたスリーロールス。

菊花賞馬ダンスインザダークが送り出した最後のGI馬。ダンスインザダーク産駒としては、ザッツザプレンティ、デルタブルースが菊花賞を制しているが、09年菊花賞では2着フォゲッタブルもダンスインザダーク産駒のため、まさに「長距離戦は血統」を印象付けた。また、スリーロールス五代母のアコニットは、昭和の二冠馬カツトップエースの母でもある。三冠確実視されていた同馬が屈腱炎で涙を飲んだ菊の舞台。牝系の悲願を達成したのが、このスリーロールスの走りだった。

スリーロールス

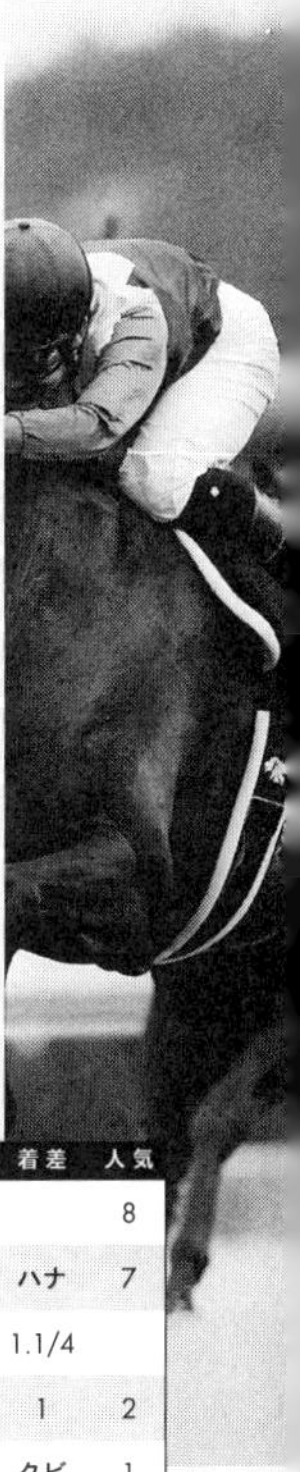

性別 牡

毛色 鹿毛

生誕 2006年4月26日〜

父 ダンスインザダーク

母 スリーローマン（母父・ブライアンズタイム）

調教師 武宏平（栗東）

生涯成績 4-1-0-7

獲得賞金 1億8795万円

勝ち鞍 菊花賞

第70回菊花賞（GI）
芝右3000m　晴　良　2009年10月25日　11R

着順	枠番	馬番	馬名	性齢	斤量	騎手	タイム	着差	人気
1	1	1	スリーロールス	牡3	57	浜中俊	3:03.5		8
2	2	3	フォゲッタブル	牡3	57	吉田隼人	3:03.5	ハナ	7
3	6	12	セイウンワンダー	牡3	57	福永祐一	3:03.7	1.1/4	
4	7	14	イコピコ	牡3	57	四位洋文	3:03.9	1	2
5	5	9	リーチザクラウン	牡3	57	武豊	3:03.9	クビ	1
6	4	7	ヤマニンウイスカー	牡3	57	和田竜二	3:04.3	2.1/2	11
7	6	11	セイクリッドバレー	牡3	57	松岡正海	3:04.3	クビ	14
8	1	2	シェーンヴァルト	牡3	57	秋山真一郎	3:04.5	1.1/4	12
9	2	4	トライアンフマーチ	牡3	57	武幸四郎	3:04.7	1.1/2	13
10	7	13	キタサンチーフ	牡3	57	藤岡康太	3:04.9	1	17
11	8	17	アドマイヤメジャー	牡3	57	川田将雅	3:05.1	1.1/4	5
12	8	16	ナカヤマフェスタ	牡3	57	蛯名正義	3:05.2	3/4	4
13	5	10	キングバンブー	牡3	57	小牧太	3:05.5	2	16
14	3	6	イグゼキュティヴ	牡3	57	川島信二	3:06.0	3	18
15	3	5	アンライバルド	牡3	57	岩田康誠	3:06.2	1.1/4	3
16	8	18	ブレイクランアウト	牡3	57	藤田伸二	3:06.3	1/2	9
17	7	15	ポルカマズルカ	牝3	55	横山典弘	3:06.8	3	15
18	4	8	アントニオバローズ	牡3	57	角田晃一	3:07.7	5	10

2009年
天皇賞・秋

カンパニー

8歳馬の走りに見た「勤勉さ」
ベテランホース、悲願のGI制覇

「勤勉さ」とは、ここ数十年の間に大きく評価が変わった価値の一つなのかもしれない。

それが高度経済成長を支えたといわれるように、「勤勉さ」が美徳とされた時代があった。右肩上がりの経済成長や終身雇用を皆が信じ、会社に高い忠誠心を抱き、長時間労働も厭わない働き方が当たり前という時代が、確かに存在した。しかし時代とともに社会のありようは変わり、価値観もまた大きく変わっていく。2000年代に入ると、労働生産性の向上や働き方改革が叫ばれるようになり、変化に富んだ時代においては、「勤勉さ」はその価値を著しく落としていったようにも思う。そんな2000年代後半、忘れられていた「勤勉さ」を体現したような優駿がいた。

その名を、カンパニーという。

父は、ミラクルアドマイヤ。現役時代は3戦1勝の戦績ながら、96年のダービー馬フサイチコンコルドの半弟という良血を買われて種牡馬入りしており、カンパニーはその初年度産駒である。母のブリリアントベリーは、カンパニーの他にもレニングラード、ヒストリカルといった重賞馬を輩出しており、その近親にも活躍馬が多く、活力のある血統だった。

04年に3歳でデビューしたカンパニーは、その新馬戦を勝利で飾る。後方待機からの鋭い差し脚を武器に、重賞で連対を繰り返し、早くからその才覚の片鱗を見せていた。4歳時の京阪杯で重賞初制覇を飾ると、5歳の春には産経大阪杯、6歳の夏には関屋記念を制するなど、古馬の中距離戦線で息の長い活躍を続けていく。しかし、その脚質ゆえに差して届かずのレースも多く、GIでは掲示板には載るのだが、あと一歩及ばずに惜敗のレースが続いた。

迎えた7歳の春、カンパニーに一つの転機が訪れる。新たに鞍上に迎えた横山典弘騎手は、好発を決めると番手からの積極策を展開。後方から差す競馬からの脚質転換で、見事にカンパニーに4つ目の重賞タイトルをもたらした。引退していく同世代のライバルも多くなっていくなか、走り続け、新しい境地を切り開いていくカンパニー。しかし、同年の宝塚記念は8着、秋の天皇賞とマイルCSは4着と、それでもGIタイトルには手が届かないでいた。

年が明けて09年、カンパニーは8歳になっていた。同世代のダービー馬、キングカメハメハはとうに引退し種牡馬となり、前年には初年度産駒がデビューするほどに、時は流れていた。しかし、カンパニーは元気に走り続けていた。秋の毎日王冠では、前年の年度代表馬・ウオッカを差し切り、重賞7勝目を挙げる。悲願のGIタイトルを、今度こそ——。

高まるその機運とともに迎えた天皇賞・秋は、中距離王者決定戦らしく、カンパニーを含む歴戦の古馬18頭が顔を揃えた。当時最多となるGI馬9頭、さらには全馬が重賞ウィナーという豪華メンバーによる競演。霜月の風吹く府中に、GIのファンファーレが鳴り響く。

1コーナー奥からのスタート、2コーナーまでの短い距離での難しい先行争い。内枠を利してスクリーンヒーローが先手を窺うが、外の17番枠からエイシンデピュティと戸崎圭太騎手が飛ばしてハナを奪う。その間からキャプテントゥーレ、マツリダゴッホも早めの位置取り。馬群のちょうど中団あたりに2番人気のシンゲンと藤田伸二騎手が位置し、カンパニーと横山典弘騎手はそれを内から追走する形。その後ろに3番人気の菊花賞馬、オウケンブルースリと内田博幸騎手。1番人気を背負ったウオッカと武豊騎手は、逃げた前走の毎日王冠からは打って変わって後方からの競馬を選択。さらに最後方からは同年の宝塚記念を制していたドリームジャーニーといった態勢でレースは進んでいく。

淡々とした緩いペースで流れたレースは、早くも3コーナーを迎えて馬群が固まっていく。4コーナーを回り直線を迎え、内エイシンデピュティ、中キャプテントゥーレ、外マツリダゴッホの3頭が先頭で競り合う。その外からスクリーンヒーローが伸びてくる。横山典弘騎手は、カンパニーをその外の進路に導き、追い出しにかかる。黄色の勝負服、武豊騎手とウオッカは後方から押し上げて、内から差し切らんと伸びてくる。

カンパニーが伸びる。横山典弘騎手の右鞭に応え、先頭に立つ。内で粘る、スクリーンヒーロー。その内から豪脚を伸ばすウオッカ。長い府中の直線、3頭が最後の死力を尽くす。しかし、カンパニーが突き抜けた。8歳馬、通算34戦目、GI挑戦13度目。その刻まれた馬齢、そして重ねてきた戦績の一つ一つが、その末脚を支えているようだった。

栄光のゴール板を、カンパニーは先頭で駆け抜けた。1馬身3／4差の2着にスクリーンヒーロー、さらにクビ差の3着にウオッカ。横山典弘騎手は右手を高々と上げて、勝利を宣言した。8歳馬によるGI勝利は、中央競馬史上初となる偉業。大きな怪我なく出走を続け、4歳から毎年重賞を勝利してきた「勤勉なる」カンパニーが、ついに悲願のGIタイトルを手にした。

豪華メンバーを破ってGI初制覇を成し遂げたカンパニーは、引退レースとなった次走のマイルCSでもその豪脚を披露し、GIを連勝。8歳にして最盛期を迎えたような充実のなか、カンパニーは惜しまれつつターフを去っていった。

年々変化のスピードは早くなり、社会のありようは大きく変わっていき、ものごとの価値尺度もまた移ろい、今日の正は明日の誤となる。

しかし、そんな時代だからこそ、カンパニーの走りは、観る者の心に勇気を灯してくれる。何歳になっても、挑戦し続けろ、あきらめるな。そのために、「勤勉であれ」と。（大嵜直人）

馬場の三分どころを走り、東京の鬼であるウオッカの追撃を封じた８歳馬カンパニー。

３歳シーズンにふたつの重賞で連対、４歳からはラストシーズンの８歳まで毎年重賞を制覇。３歳秋の菊花賞挑戦から、長きにわたり一線級として活躍した。父のミラクルアドマイヤは現役時代３戦１勝だったが、血統の良さを買われて種牡馬となった経緯を持つ。父こそ特殊だが、半兄にはアルゼンチン共和国杯勝ち馬レニングラード（父トニービン）、半弟には毎日杯勝ち馬ヒストリカル（父ディープインパクト）などがいる華やかな血統の持ち主でもある。種牡馬としても目黒記念を制したウインテンダネスらを輩出。

カンパニー

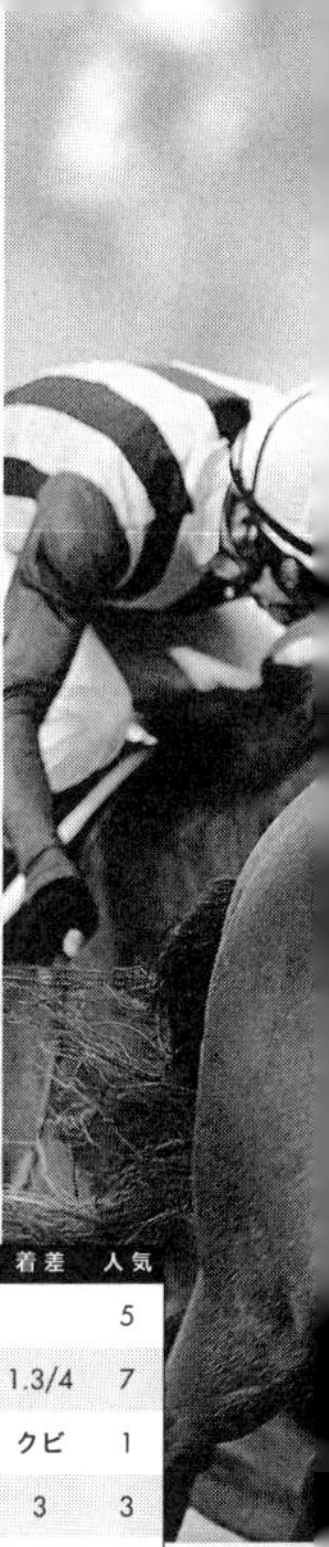

性別	牡
毛色	鹿毛
生誕	2001年4月24日〜
父	ミラクルアドマイヤ
母	ブリリアントベリー（母父・ノーザンテースト）
調教師	音無秀孝（栗東）
生涯成績	12-4-1-18
獲得賞金	9億3969万円
勝ち鞍	天皇賞・秋　マイルCS　毎日王冠　中山記念（2勝） マイラーズC　産経大阪杯　京阪杯　関屋記念

第140回天皇賞・秋（GⅠ）
芝左2000m　晴　良　2009年11月1日　11R

着順	枠番	馬番	馬名	性齢	斤量	騎手	タイム	着差	人気
1	2	3	カンパニー	牡8	58	横山典弘	1:57.2		5
2	1	2	スクリーンヒーロー	牡5	58	北村宏司	1:57.5	1.3/4	7
3	4	7	ウオッカ	牝5	56	武豊	1:57.5	クビ	1
4	7	15	オウケンブルースリ	牡4	58	内田博幸	1:58.0	3	3
5	5	10	シンゲン	牡6	58	藤田伸二	1:58.0	ハナ	2
6	6	12	ドリームジャーニー	牡5	58	池添謙一	1:58.0	クビ	4
7	3	5	ヤマニンキングリー	牡4	58	柴山雄一	1:58.2	1.1/4	10
8	8	18	エアシェイディ	牡8	58	後藤浩輝	1:58.2	アタマ	12
9	8	17	エイシンデピュティ	牡7	58	戸崎圭太	1:58.3	クビ	14
10	2	4	アドマイヤフジ	牡7	58	C.スミヨン	1:58.4	1/2	15
11	6	11	スマイルジャック	牡4	58	三浦皇成	1:58.4	ハナ	13
12	4	8	キャプテントゥーレ	牡4	58	川田将雅	1:58.5	3/4	6
13	7	14	サクラメガワンダー	牡6	58	福永祐一	1:58.5	クビ	9
14	1	1	コスモバルク	牡8	58	松岡正海	1:58.5	ハナ	18
15	5	9	サクラオリオン	牡7	58	秋山真一郎	1:58.7	1	16
16	8	16	ホッコーパドゥシャ	牡7	58	岩田康誠	1:58.7	クビ	17
17	7	13	マツリダゴッホ	牡6	58	蛯名正義	1:58.9	1.1/2	8
18	3	6	アサクサキングス	牡5	58	四位洋文	1:59.3	2.1/2	11

競馬ファンの多くが参加する「一口馬主」の難しさ

競馬ファンの多くが夢見る馬主を現実のものとしている「一口馬主クラブ」。1頭あたりの口数は40〜500口とクラブにより異なる。馬の値段にもよるが、おおよそ「2勝すれば元が取れる」状況である。筆者（小川）はかつて5頭ほど所有したが、2勝馬が1頭のみ。かなりのマイナスをくらった。

現5歳馬のクラブ馬は総勢776頭。このうち獲得賞金が購入総額を上回った馬は183頭。現6歳馬も727頭に対して187頭（21年10月現在）。元が取れる馬は約4頭に1頭だ。さらに、獲得賞金が購入総額の2倍以上となった馬は100頭（現5歳馬）と91頭（現6歳馬）。約8頭に1頭という塩梅だ。

現5歳の回収率トップはクロノジェネシス。募集価格1400万円の馬の獲得賞金は11億円を超え、1口35万円（40口）は2800万円超に化けている。現6歳ではアーモンドアイ。募集価格3000万円に対して19億円超、1口6万円（500口）は378万円という結果を残している。現4歳ではデアリングタクトが募集価格（4・4万円）の30倍を稼ぎ出している。

3世代とも、募集価格の30倍以上を稼いだのは1頭のみ。700分の1という「超狭き門」だが、それでも「当たれば大きい」のが、馬主のドリームである。

年度別

GⅠ戦線「激闘譜」&データ

2005年のGI競走

年間売上額は8年連続減少も、オグリキャップ以来となる国民的スーパースターが登場。その影響か、入場人員は8年ぶりに前年比増となる。

構成／齋藤翔人

競走名／開催日	優勝馬／騎手・調教師	短評
フェブラリーステークス 2月20日　東京　ダート1600m	メイショウボーラー 福永祐一　白井寿昭（栗東）	3歳夏以降は芝で壁にぶつかるも、ダートに転向したガーネットSから、一気の重賞3連勝。GI初制覇は、レコードのおまけ付き。
高松宮記念 3月27日　中京　芝1200m	アドマイヤマックス 武豊　橋田満（栗東）	ケガに泣いたクラシック候補。悲願のGI初制覇の舞台は、意外にもスプリント戦だった。種牡馬としても、重賞勝ち馬を複数輩出。
桜花賞 4月10日　阪神　芝1600m	ラインクラフト 福永祐一　瀬戸口勉（栗東）	圧巻のスピードで、シーザリオを完封した天才少女。母の弟はアドマイヤマックス。2週間で、同じ一族からGI馬が相次いで誕生。
皐月賞 4月17日　中山　芝2000m	ディープインパクト 武豊　池江泰郎（栗東）	日本列島に走った第一波の衝撃。スタートで躓き落馬寸前となるも、あっさり巻き返し2馬身半差の完勝。伝説の幕が開けた。
天皇賞・春 5月1日　京都　芝3200m	スズカマンボ 安藤勝己　橋田満（栗東）	大混戦を制したのは、13番人気のSS産駒。2着に14番人気のビッグゴールドが入り、3連単は190万円を超える大波乱。
NHKマイルカップ 5月8日　東京　芝1600m	ラインクラフト 福永祐一　瀬戸口勉（栗東）	桜花賞馬が、府中の長い直線をスピードの違いで克服。変則二冠達成。桜花賞馬が同レースを制したのは、史上初の快挙。

優駿牝馬（オークス）
5月22日　東京　芝2400m
シーザリオ
福永祐一　角居勝彦（栗東）
繁殖としても歴史に名を残す超名牝。続くアメリカンオークスも連勝し、2021年現在唯一となる、日米オークス制覇を達成。

東京優駿（日本ダービー）
5月29日　東京　芝2400m
ディープインパクト
武豊　池江泰郎（栗東）
ダービー史上最高の単勝支持率に応え、大外ぶん回しでレースレコードタイの5馬身差圧勝。競馬の枠を超えて社会現象に。

安田記念
6月5日　東京　芝1600m
アサクサデンエン
藤田伸二　河野通文（美浦）
遅れてきたマル外の大器。レコードで重賞初制覇となった前走から勢いに乗りGI制覇。シングスピールと、父仔で日本のGI勝利。

宝塚記念
6月26日　阪神　芝2200m
スイープトウショウ
池添謙一　鶴留明雄（栗東）
豪華メンバーの一戦を制したのは、11番人気の秋華賞馬。牝馬の宝塚記念制覇は、エイトクラウン以来、39年ぶり2頭目の快挙。

スプリンターズステークス
10月2日　中山　芝1200m
サイレントウィットネス
F・コーツィー　A・クルーズ（香港）
日本の短距離王、デュランダルを完封。3走前まで、デビュー以来17戦全勝を誇っていた、香港の国民的スーパースター。

秋華賞
10月16日　京都　芝2000m
エアメサイア
武豊　伊藤雄二（栗東）
前哨戦から桜花賞馬に連勝。クラシックで惜敗が続いた母の無念を晴らすGI初制覇。武騎手&伊藤雄師は、3年ぶりの秋華賞勝利。

菊花賞
10月23日　京都　芝3000m
ディープインパクト
武豊　池江泰郎（栗東）
無敗での三冠達成は、シンボリルドルフ以来、史上2頭目。池江師は、メジロマックイーン以来、15年ぶり3度目の菊花賞勝利。

天皇賞・秋
10月30日　東京　芝2000m
ヘヴンリーロマンス
松永幹夫　山本正司（栗東）
JRA史上初の天覧競馬を制したのは、14番人気の牝馬。レース後、松永幹夫騎手が馬上から行なった最敬礼は、平成の名場面。

エリザベス女王杯
11月13日　京都　芝2200m
スイープトウショウ
池添謙一　鶴留明雄（栗東）
牝馬限定戦では負けられない宝塚記念馬が、アドマイヤグルーヴの3連覇と、エアメサイアに騎乗した武豊騎手の5連覇を阻止。

マイルチャンピオンシップ
11月20日　京都　芝1600m
ハットトリック
O・ペリエ　角居勝彦（栗東）
1月の東京新聞杯から一転、4戦連続で掲示板を外すも、突如復活してGI初制覇。次走の香港マイルも制し、後に米国で種牡馬に。

ジャパンカップダート
11月26日　東京　ダート2100m　**カネヒキリ**
武豊　角居勝彦（栗東）

前走の武蔵野Sでダート戦初黒星も逆転。3歳でダート界の頂点に。武騎手騎乗、金子氏に関連する馬で、「砂のディープ」の異名も。

ジャパンカップ
11月27日　東京　芝2400m　**アルカセット**
L・デットーリ　L・クマーニ（英国）

ハーツクライとの大接戦を制し、ホーリックスのレコードを0秒1更新。2021年現在、当レースを制した最後の外国調教馬。

阪神ジュベナイルフィリーズ
12月4日　阪神　芝1600m　**テイエムプリキュア**
熊沢重文　五十嵐忠男（栗東）

3戦全勝で2歳女王に。ここから連敗を喫するも、3年後の日経新春杯を逃げ切り復活。秋のエリザベス女王杯2着で大波乱を演出。

朝日杯フューチュリティステークス
12月11日　中山　芝1600m　**フサイチリシャール**
福永祐一　松田国英（栗東）

未勝利戦から4連勝で2歳王者に。あと一歩、GⅠに手が届かなかった母の夢を実現。父クロフネは、初年度産駒からGⅠ馬を輩出。

有馬記念
12月25日　中山　芝2500m　**ハーツクライ**
C・ルメール　橋口弘次郎（栗東）

GⅠ2着3回の無冠の帝王が、ついに覚醒。まさかの先行策で、大本命のディープインパクトを完封。次走、ドバイSCも圧勝。

中山グランドジャンプ　4月16日　中山4250m　カラジ　B・スコット　E・マスグローヴ（豪州）
中山大障害　12月24日　中山4100m　テイエムドラゴン　白浜雄造　小島貞博（栗東）

JRA賞
年度代表馬・最優秀3歳牡馬　**ディープインパクト**
最優秀2歳牡馬　**フサイチリシャール**
最優秀2歳牝馬　**テイエムプリキュア**
最優秀3歳牝馬　**シーザリオ**
最優秀4歳以上牡馬　**ハーツクライ**

最優秀4歳以上牝馬　**スイープトウショウ**
最優秀父内国産馬　**シーザリオ**
最優秀短距離馬　**ハットトリック**
最優秀ダートホース　**カネヒキリ**
最優秀障害馬　**テイエムドラゴン**

*馬齢表記は当時のものによる（以下同）

2006年のGI競走

2年間に及ぶ英雄の伝説が完結。
サンデーサイレンス産駒が3年連続GI・9勝以上の大偉業達成。
春には6年ぶりとなる新GIが創設。

競走名／開催日	優勝馬／騎手・調教師	短評
フェブラリーステークス 2月19日 東京 ダート1600m	カネヒキリ 武豊 角居勝彦（栗東）	ジャパンCダート以来3ヶ月ぶりの実戦を物ともせずGI4勝目。この年の秋以降、屈腱炎を二度発症するも、不死鳥のごとく復活。
高松宮記念 3月26日 中京 芝1200m	オレハマッテルゼ 柴田善臣 音無秀孝（栗東）	重賞初勝利がGI。小田切オーナーは、1985年オークス以来のGI制覇。そのとき騎乗していたのは、本馬を管理する音無師。
桜花賞 4月9日 阪神 芝1600m	キストゥヘヴン 安藤勝己 戸田博文（美浦）	フラワーカップ優勝馬が、3年連続でクラシック制覇。わずか4世代を残しただけで早世した、アドマイヤベガの2世代目産駒。
皐月賞 4月16日 中山 芝2000m	メイショウサムソン 石橋守 瀬戸口勉（栗東）	キャリア10戦目の叩き上げが、前哨戦から連勝でクラシック制覇。石橋守騎手は、デビュー22年目で悲願のGI初勝利。
天皇賞・春 4月30日 京都 芝3200m	ディープインパクト 武豊 池江泰郎（栗東）	坂の下りから一気に捲り、4角先頭から押し切って完勝。四冠を達成。勝ち時計は、従来のタイムを1秒0更新する大レコード。
NHKマイルカップ 5月7日 東京 芝1600m	ロジック 武豊 橋口弘次郎（栗東）	内を突く名人芸で、武騎手は2週連続GI勝利。わずか8世代しか残せなかったアグネスタキオン。初年度産駒からGI馬が誕生。

ヴィクトリアマイル 5月14日 東京 芝1600m	ダンスインザムード 北村宏司 藤沢和雄（美浦）	2年前の桜花賞馬が、前年のスランプを乗り越え第1回の覇者に。デビュー8年目の北村宏司騎手は、師匠の管理馬でGⅠ初勝利。
優駿牝馬（オークス） 5月21日 東京 芝2400m	カワカミプリンセス 本田優 西浦勝一（栗東）	49年ぶりに無敗のオークス馬が誕生。スイートピーSからの連勝は、2021年現在唯一。キングヘイロー産駒は、GⅠ初勝利。
東京優駿（日本ダービー） 5月28日 東京 芝2400m	メイショウサムソン 石橋守 瀬戸口勉（栗東）	1番人気に応える完勝。小倉デビュー馬のダービー勝利は初。石橋騎手は、皐月賞でのGⅠ初制覇から一気にダービージョッキーへ。
安田記念 6月4日 東京 芝1600m	ブリッシュラック B・プレブル A・クルーズ（香港）	チャンピオンズマイルからの連勝で、前年4着馬が前年覇者を2着に下しリベンジ。香港調教馬の当レース制覇は、6年ぶり2頭目。
宝塚記念 6月25日 京都 芝2200m	ディープインパクト 武豊 池江泰郎（栗東）	11年ぶりの京都開催。湿った馬場を問題にせず、凱旋門賞の壮行レースを4馬身差圧勝。五冠馬となり、収得賞金も10億円超え。
スプリンターズステークス 10月1日 中山 芝1200m	テイクオーバーターゲット J・フォード J・ジャニアック（豪州）	セントウルS2着から逆転。グローバルスプリントチャレンジの2代目王者となる。ジャニアック師は、タクシードライバーも兼業。
秋華賞 10月15日 京都 芝2000m	カワカミプリンセス 本田優 西浦勝一（栗東）	オークス以来の実戦も問題なく完勝。デビューから5戦全勝で二冠制覇。本田騎手と西浦師のコンビは、5年ぶりの秋華賞制覇。
菊花賞 10月22日 京都 芝3000m	ソングオブウインド 武幸四郎 浅見秀一（栗東）	神懸かった末脚でドリームパスポートとの叩き合いを制し、菊の大輪をゲット。三冠を目指したメイショウサムソンは、4着に敗戦。
天皇賞・秋 10月29日 東京 芝2000m	ダイワメジャー 安藤勝己 上原博之（美浦）	喘鳴症を克服した皐月賞馬が、2年半ぶりのGⅠ2勝目。サンデーサイレンス産駒は、04年の当レースから、天皇賞・春秋5連覇。
エリザベス女王杯 11月12日 京都 芝2200m	フサイチパンドラ 福永祐一 白井寿昭（栗東）	1位入線のカワカミプリンセスが12着に降着し、初のGⅠタイトル獲得。繁殖入り後、7番仔がGⅠ9勝馬のアーモンドアイ。

マイルチャンピオンシップ　ダイワメジャー
11月19日　京都　芝1600m　安藤勝己　上原博之（美浦）
同期の桜花賞馬とのマッチレースを制し、中2週でGI連勝。天皇賞秋からの連勝は、ニッポーテイオー以来、19年ぶり2頭目。

ジャパンカップダート　アロンダイト
11月25日　東京　ダート2100m　後藤浩輝　石坂正（栗東）
未勝利戦から5連勝でGI制覇。前走準OPからの古馬混合平地GI勝利は、宝塚記念を制したパーシャンボーイ以来20年ぶり。

ジャパンカップ　ディープインパクト
11月26日　東京　芝2400m　武豊　池江泰郎（栗東）
失意の凱旋門賞から復活を期す負けられない一戦。ハーツクライにリベンジし、この年の欧州年度代表馬ウィジャボードも撃破。

阪神ジュベナイルフィリーズ　ウオッカ
12月3日　阪神　芝1600m　四位洋文　角居勝彦（栗東）
断然人気となったアストンマーチャンとのマッチレースを制し、2歳女王に。勝ち時計は、芝1600mの当時の2歳日本レコード。

朝日杯フューチュリティステークス　ドリームジャーニー
12月10日　中山　芝1600m　蛯名正義　池江泰寿（栗東）
出遅れるも、直線一気の豪脚で差し切り勝ち。ステイゴールド産駒初のGI馬。蛯名騎手の「軽く飛びましたね」のコメントは有名。

有馬記念　ディープインパクト
12月24日　中山　芝2500m　武豊　池江泰郎（栗東）
「英雄」のラストフライト。4コーナーからのひと捲りで10頭をごぼう抜きし3馬身差の楽勝。2年間にわたる伝説が完結した。

中山グランドジャンプ　4月15日　中山4250m　カラジ　B・スコット　E・マスグローヴ（豪州）
中山大障害　12月23日　中山4100m　マルカラスカル　西谷誠　瀬戸口勉（栗東）

JRA賞

年度代表馬・最優秀4歳以上牡馬　ディープインパクト
最優秀2歳牡馬　ドリームジャーニー
最優秀2歳牝馬　ウオッカ
最優秀3歳牡馬　メイショウサムソン
最優秀3歳牝馬　カワカミプリンセス
最優秀4歳以上牝馬　ダンスインザムード
最優秀父内国産馬　カワカミプリンセス
最優秀短距離馬　ダイワメジャー
最優秀ダートホース　アロンダイト
最優秀障害馬　マルカラスカル

2007年のGⅠ競走

2頭の3歳牝馬が話題の中心。一方は64年ぶりの牝馬のダービー馬に、もう一方は、そのライバルとの対決を勝ち越してGⅠ3勝。牝馬の時代が目の前に。

競走名／開催日	優勝馬／騎手・調教師	短評
フェブラリーステークス 2月18日　東京　ダート1600m	サンライズバッカス 安藤勝己　音無秀孝（栗東）	2年前の武蔵野Sでカネヒキリに勝利して以降、やや伸び悩むも復活しGⅠ初制覇。ヘネシー産駒としては、唯一のJRAGⅠ勝利。
高松宮記念 3月25日　中京　芝1200m	スズカフェニックス 武豊　橋田満（栗東）	サンデーサイレンス産駒は、近5年で4度目の高松宮記念制覇。母の全兄シンコウキングも、10年前に高松宮杯を勝利した。
桜花賞 4月8日　阪神　芝1600m	ダイワスカーレット 安藤勝己　松田国英（栗東）	ウオッカとの2度目の対決を制し、桜の女王戴冠。ダイワメジャーとの、兄妹クラシック制覇の偉業も達成。安藤騎手は桜花賞連覇。
皐月賞 4月15日　中山　芝2000m	ヴィクトリー 田中勝春　音無秀孝（栗東）	2コーナー先頭から粘り切り、サンツェッペリン、フサイチホウオーとの接戦を制す。田中勝春騎手は15年ぶりのJRAGⅠ勝利。
天皇賞・春 4月29日　京都　芝3200m	メイショウサムソン 石橋守　高橋成忠（栗東）	ダービー以降、やや低迷していた二冠馬が復活。高橋師は、開業30年目でGⅠ初勝利。騎手時代の2勝と合わせ、当レース3勝目。
NHKマイルカップ 5月6日　東京　芝1600m	ピンクカメオ 内田博幸　国枝栄（美浦）	当時、地方に所属していた内田騎手のJRAGⅠ初勝利。17番人気↓1番人気↓18番人気の決着で、3連単973万円の大波乱。
ヴィクトリアマイル 5月13日　東京　芝1600m	コイウタ 松岡正海　奥平雅士（美浦）	12番人気の伏兵が内から抜け出し、1年3ヶ月ぶりの勝利をGⅠ制覇で飾る。デビュー5年目の松岡騎手は、嬉しいGⅠ初勝利。

優駿牝馬（オークス）
5月20日　東京　芝2400m

ローブデコルテ
福永祐一　松元茂樹（栗東）

ゴール前でベッラレイアを差し切り優勝。17年ぶりにレースレコードを更新。2021年現在、外国産馬のクラシック制覇は唯一。

東京優駿（日本ダービー）
5月27日　東京　芝2400m

ウオッカ
四位洋文　角居勝彦（栗東）

現代では不可能と思われていた牝馬によるダービー制覇が、64年ぶりに現実に。タニノギムレットとの父娘ダービー制覇は史上初。

安田記念
6月3日　東京　芝1600m

ダイワメジャー
安藤勝己　上原博之（美浦）

ドバイからの帰国初戦を快勝し、秋春マイルGIを連勝。グレード制導入後、クラシック勝ち馬の当レース制覇は、史上初。

宝塚記念
6月24日　阪神　芝2200m

アドマイヤムーン
岩田康誠　松田博資（栗東）

3月のドバイデューティフリーでGI初勝利。このレースでメイショウサムソンを下し、JRAのGIも初制覇。古馬の王座を統一。

スプリンターズステークス
9月30日　中山　芝1200m

アストンマーチャン
中舘英二　石坂正（栗東）

9月に移行してから、3歳馬が初勝利。中舘騎手はヒシアマゾン以来13年ぶりのGI制覇。石坂師は7年ぶりに当レースを勝利。

秋華賞
10月14日　京都　芝2000m

ダイワスカーレット
安藤勝己　松田国英（栗東）

4角先頭から楽々と押し切り、上がり33秒9でライバルを完封。二冠達成。ダービー馬のウオッカは、追込み届かず3着まで。

菊花賞
10月21日　京都　芝3000m

アサクサキングス
四位洋文　大久保龍志（栗東）

アルナスラインとのマッチレースを制し、ダービー2着馬が菊の大輪を奪取。四位騎手は、別の馬で同年のダービーと菊花賞を勝利。

天皇賞・秋
10月28日　東京　芝2000m

メイショウサムソン
武豊　高橋成忠（栗東）

馬インフルエンザの影響で凱旋門賞を断念も、その影響を感じさせず快勝。ダービー馬の天皇賞連覇は、スペシャルウィーク以来。

エリザベス女王杯
11月11日　京都　芝2200m

ダイワスカーレット
安藤勝己　松田国英（栗東）

初の古馬混合戦も、過去2年の優勝馬を相手に完勝し、現役最強牝馬を証明。ウオッカは、当日朝に出走取消。4度目の対決ならず。

マイルチャンピオンシップ
11月18日　京都　芝1600m

ダイワメジャー
安藤勝己　上原博之（美浦）

前週に勝利したダイワスカーレットからのバトンを引き継ぎ、連覇でGI・5勝目。妹と合わせて、GI計8勝（後、9勝）の大記録。

ジャパンカップダート
11月24日　東京　ダート2100m

ヴァーミリアン
武豊　石坂正（栗東）

JBCクラシックから連勝で、ダート界の新王者に。石坂師の管理馬で、エルコンドルパサー産駒は、前年覇者アロンダイトと同じ。

ジャパンカップ
11月25日　東京　芝2400m

アドマイヤムーン
岩田康誠　松田博資（栗東）

ポップロックとの叩き合いを制し、この年の年度代表馬に。前走からダーレー・ジャパンの所有馬になっており、そのまま種牡馬入り。

阪神ジュベナイルフィリーズ
12月2日　阪神　芝1600m

トールポピー
池添謙一　角居勝彦（栗東）

厩舎の先輩ウオッカに続き、抽選を突破した、前走黄菊賞2着馬が2年連続勝利。ジャングルポケット産駒は、これがGⅠ初勝利。

朝日杯フューチュリティステークス
12月9日　中山　芝1600m

ゴスホークケン
勝浦正樹　斎藤誠（美浦）

前走の東スポ杯2歳Sで4着に敗れたものの、抽選を突破し出走。見事に逃げ切り勝ち。斎藤師は、開業2年目でGⅠ初勝利。

有馬記念
12月23日　中山　芝2500m

マツリダゴッホ
蛯名正義　国枝栄（美浦）

誰もが驚く激走で「中山マイスター」を襲名。ダイワスカーレット、ダイワメジャーの妹兄を従え、3連単80万円超の大波乱。

中山グランドジャンプ　4月14日　中山4250m　カラジ　B・スコット　E・マスグローヴ（豪州）

中山大障害　12月22日　中山4100m　メルシーエイタイム　横山義行　武宏平（栗東）

JRA賞

年度代表馬・最優秀4歳以上牡馬　**アドマイヤムーン**
最優秀2歳牡馬　**ゴスホークケン**
最優秀2歳牝馬　**トールポピー**
最優秀3歳牡馬　**アサクサキングス**
最優秀3歳牝馬　**ダイワスカーレット**
最優秀4歳以上牝馬　**コイウタ**

最優秀父内国産馬　**ダイワスカーレット**
最優秀短距離馬　**ダイワメジャー**
最優秀ダートホース　**ヴァーミリアン**
最優秀障害馬　**メルシーエイタイム**
特別賞　**ウオッカ　メイショウサムソン**

2008年のGI競走

サンデーサイレンス産駒のGI勝利が13年連続で途切れるも、父の父に持つ馬がGI10勝。

地方出身騎手と外国人騎手がGI12勝。

人馬とも新たなステージへ。

競走名／開催日	優勝馬／騎手・調教師	短評
フェブラリーステークス 2月24日　東京　ダート1600m	ヴァーミリアン 武豊　石坂正（栗東）	国内のGI級に限れば、前年の川崎記念から5連勝。日本のダート界を完全制圧。後に、当時の新記録となるGI級9勝の偉業達成。
高松宮記念 3月30日　中京　芝1200m	ファイングレイン 幸英明　長浜博之（栗東）	NHKマイルカップ2着後に故障が判明。その後、低迷していたものの復活。淀短距離Sから3連勝でGI初制覇。仏国で種牡馬に。
桜花賞 4月13日　阪神　芝1600m	レジネッタ 小牧太　浅見秀一（栗東）	地方競馬からJRAに移籍して5年目の小牧騎手がGI初勝利。12番人気↓15番人気↓5番人気の決着で、3連単700万馬券。
皐月賞 4月20日　中山　芝2000m	キャプテントゥーレ 川田将雅　森秀行（栗東）	混戦を断ったのは、アグネスタキオン産駒の良血馬。川田騎手はGI初勝利。森師は、エアシャカール以来、8年ぶりの皐月賞制覇。
天皇賞・春 5月4日　京都　芝3200m	アドマイヤジュピタ 岩田康誠　友道康夫（栗東）	ケガでクラシックを棒に振った素質馬。同期のダービー馬との叩き合いを制し、阪神大賞典から連勝。友道師と共にGI初制覇。
NHKマイルカップ 5月11日　東京　芝1600m	ディープスカイ 四位洋文　昆貢（栗東）	キャリア10戦、初勝利に6戦を要した叩き上げが、驚異の成長力でGI制覇。昆調教師は、開業9年目で嬉しいJRA・GI初勝利。

ヴィクトリアマイル
5月18日　東京　芝1600m
エイジアンウインズ
藤田伸二　藤原英昭（栗東）
連勝中の上がり馬が、ドバイ帰りのウオッカとの競り合いを制しGI初制覇。藤田騎手は3年ぶり、藤原調教師は初のGI勝利。

優駿牝馬（オークス）
5月25日　東京　芝2400m
トールポピー
池添謙一　角居勝彦（栗東）
直線での進路取りが物議を醸すも、2歳女王が桜花賞8着から巻き返し、樫の女王戴冠。池添騎手は、牝馬三冠ジョッキーに。

東京優駿（日本ダービー）
6月1日　東京　芝2400m
ディープスカイ
四位洋文　昆貢（栗東）
大外一気を決め、NHKマイルCとの変則二冠達成。四位騎手は、史上2人目のダービー連覇。アグネスタキオン産駒は春牡馬二冠。

安田記念
6月8日　東京　芝1600m
ウオッカ
岩田康誠　角居勝彦（栗東）
初騎乗の岩田騎手とともに内ラチ沿いから抜け出し、3馬身半差の圧勝で復活。ダービー馬の当レース制覇は、グレード制導入後初。

宝塚記念
6月29日　阪神　芝2200m
エイシンデピュティ
内田博幸　野元昭（栗東）
メイショウサムソンとインティライミの猛追を凌ぎ、金鯱賞から連勝でGI初勝利。フレンチデピュティ産駒は、上半期GI3勝目。

スプリンターズステークス
10月5日　中山　芝1200m
スリープレスナイト
上村洋行　橋口弘次郎（栗東）
3走前から芝路線へ。ダートのオープン特別連勝と合わせ、5連勝でGI制覇。デビュー17年目の上村騎手は、涙涙のGI初勝利。

秋華賞
10月19日　京都　芝2000m
ブラックエンブレム
岩田康誠　小島茂之（美浦）
岩田騎手らしいイン突きで、ローズS15着から逆転。11番人気↓8番人気↓16番人気で決着し、3連単1098万円の大波乱。

菊花賞
10月26日　京都　芝3000m
オウケンブルースリ
内田博幸　音無秀孝（栗東）
6月の未勝利戦から3連勝。画に描いたような夏の上がり馬が、神戸新聞杯3着からの菊制覇。内田騎手は、クラシック初勝利。

天皇賞・秋
11月2日　東京　芝2000m
ウオッカ
武豊　角居勝彦（栗東）
日本の競馬史に燦然と輝く超名勝負。ライバルのダイワスカーレットを、2センチ差という究極の大接戦の末に下し、GI4勝目。

エリザベス女王杯
11月16日　京都　芝2200m
リトルアマポーラ
C・ルメール　長浜博之（栗東）
三冠路線では勝ちきれなかったが、古馬混合のGIでビッグタイトル獲得。直線早目に抜け出した、ルメール騎手らしい好騎乗。

マイルチャンピオンシップ　ブルーメンブラット
11月23日　京都　芝1600m　吉田豊　石坂正（栗東）

マイル路線を選んだローテーションがズバリ。吉田豊騎手のイン突きが見事に決まり、スーパーホーネットとの競り合いを制した。

ジャパンカップ　スクリーンヒーロー
11月30日　東京　芝2400m　M・デムーロ　鹿戸雄一（美浦）

アルゼンチン共和国杯からの連勝でGⅠ初制覇。グラスワンダー産駒は、平地GⅠ初勝利。デムーロ騎手も、ジャパンC初勝利。

ジャパンカップダート　カネヒキリ
12月7日　阪神　ダート1800m　C・ルメール　角居勝彦（栗東）

2度の屈腱炎を克服。長期休養明けの武蔵野S9着から巻き返し、不死鳥のごとく復活。この後、東京大賞典、川崎記念と3連勝。

阪神ジュベナイルフィリーズ　ブエナビスタ
12月14日　阪神　芝1600m　安藤勝己　松田博資（栗東）

「伝説の新馬戦」で3着に敗れるも、未勝利脱出直後に、抽選をくぐり抜けGⅠ制覇。ビワハイジと、母娘制覇の快挙も達成。

朝日杯フューチュリティステークス　セイウンワンダー
12月21日　中山　芝1600m　岩田康誠　領家政蔵（栗東）

またも岩田騎手のイン突きが炸裂。ブリーズアップセール開始以降、JRA育成馬がGⅠ初勝利。グラスワンダーと父仔制覇も達成。

有馬記念　ダイワスカーレット
12月28日　中山　芝2500m　安藤勝己　松田国英（栗東）

前年2着の雪辱を果たしGⅠ4勝目。牝馬の有馬記念制覇は37年ぶり。結果ラストランになるも、生涯連対率100%のまま引退。

中山グランドジャンプ　4月19日　中山4250m　マルカラスカル　西谷誠　増本豊（栗東）

中山大障害　12月27日　中山4100m　キングジョイ　高田潤　増本豊（栗東）

JRA賞

年度代表馬・最優秀4歳以上牝馬　**ウオッカ**
最優秀2歳牡馬　**セイウンワンダー**
最優秀2歳牝馬　**ブエナビスタ**
最優秀3歳牡馬　**ディープスカイ**
最優秀3歳牝馬　**リトルアマポーラ**
最優秀4歳以上牡馬　**スクリーンヒーロー**
最優秀短距離馬　**スリープレスナイト**
最優秀ダートホース　**カネヒキリ**
最優秀障害馬　**キングジョイ**

2009年のGI競走

サンデーレーシングの所有馬が、6週連続重賞制覇を記録するなど、クラブ所有馬がGIを計12勝。競走馬の所有方法も新たな時代へと突入。

競走名／開催日	優勝馬／騎手・調教師	短評
フェブラリーステークス 2月22日　東京　ダート1600m	サクセスブロッケン 内田博幸　藤原英昭（栗東）	超豪華メンバーが揃った一戦で、4歳馬が世代交代を実現。後に、東京競馬場の誘導馬として大活躍。一躍、人気者となった。
高松宮記念 3月29日　中京　芝1200m	ローレルゲレイロ 藤田伸二　昆貢（栗東）	スリープレスナイトの猛追を凌いで逃げ切り、GI初勝利。藤田騎手は、当レース3勝目。キングヘイローとの父仔制覇も達成。
桜花賞 4月12日　阪神　芝1600m	ブエナビスタ 安藤勝己　松田博資（栗東）	直線だけで16頭をごぼう抜き。2歳女王の桜花賞制覇は、テイエムオーシャン以来8年ぶり。安藤勝己騎手は、4年で桜花賞3勝。
皐月賞 4月19日　中山　芝2000m	アンライバルド 岩田康誠　友道康夫（栗東）	ノーザンF生産のサンデーレーシング所有馬が、2週連続GI制覇。ネオユニヴァースは初年度からGI馬を輩出。父仔制覇も達成。
天皇賞・春 5月3日　京都　芝3200m	マイネルキッツ 松岡正海　国枝栄（美浦）	ビッグレッドF生産馬がGI初制覇。松岡騎手は、コイウタに続きJRAのGI2勝目。ともに、12番人気の大穴を勝利に導いた。
NHKマイルカップ 5月10日　東京　芝1600m	ジョーカプチーノ 藤岡康太　中竹和也（栗東）	単勝10番人気の伏兵が、2番手追走から直線抜け出して完勝。藤岡康太騎手、マンハッタンカフェ産駒とも、GIは初勝利。
ヴィクトリアマイル 5月17日　東京　芝1600m	ウオッカ 武豊　角居勝彦（栗東）	ドバイで連敗を喫するも、帰国初戦で衝撃の7馬身差V。前年2着の雪辱を果たす。レースレコード、牝馬の最多賞金獲得額を更新。

優駿牝馬（オークス）
5月24日　東京　芝2400m
ブエナビスタ
安藤勝己　松田博資（栗東）
完璧なレースを見せたレッドディザイアを、ゴール寸前で差し切る。阪神ジュベナイルフィリーズ勝ちとオークスまでの二冠は初。

東京優駿（日本ダービー）
5月31日　東京　芝2400m
ロジユニヴァース
横山典弘　萩原清（美浦）
断然人気で14着に敗れた皐月賞から大逆転。極悪馬場を苦にせず、4馬身差の圧勝。横山典弘騎手は、念願のダービー初制覇。

安田記念
6月7日　東京　芝1600m
ウオッカ
武豊　角居勝彦（栗東）
直線で進路がなくなり大ピンチ。そこから強引に抜け出し、後輩のダービー馬ディープスカイをゴール寸前で差し切る。GI6勝目。

宝塚記念
6月28日　阪神　芝2200m
ドリームジャーニー
池添謙一　池江泰寿（栗東）
3年前の2歳王者が、久々にGI勝利。「ステイゴールド産駒＝小回りコースのGIが得意」を象徴するような、会心の差し切り。

スプリンターズステークス
10月4日　中山　芝1200m
ローレルゲレイロ
藤田伸二　昆貢（栗東）
春のスプリント王が6番人気を覆し、ビービーガルダンと1センチ差の大接戦を制す。同年の芝春秋スプリントGI連勝は8年ぶり。

秋華賞
10月18日　京都　芝2000m
レッドディザイア
四位洋文　松永幹夫（栗東）
春の雪辱を果たし、最後の一冠を奪取。次走のジャパンCでも3着に好走。ブエナビスタは、他馬の進路を妨害し3着に降着。

菊花賞
10月25日　京都　芝3000m
スリーロールス
浜中俊　武宏平（栗東）
フォゲッタブルの猛追を凌ぎ、夏の上がり馬が優勝。伝説の新馬戦出走馬から、3頭目のクラシック勝ち。浜中騎手は、GI初勝利。

天皇賞・秋
11月1日　東京　芝2000m
カンパニー
横山典弘　音無秀孝（栗東）
毎日王冠に続いてウオッカを下し、念願のGI初勝利。8歳馬の平地GI勝利は史上初。横山典弘騎手は、意外にも天皇賞・秋初制覇。

エリザベス女王杯
11月15日　京都　芝2200m
クィーンスプマンテ
田中博康　小島茂之（美浦）
テイエムプリキュアと大逃げ。ブエナビスタの猛追を凌ぎ、まんまと逃げ切り。馬単25万円の大波乱。田中博康騎手はGI初勝利。

マイルチャンピオンシップ
11月22日　京都　芝1600m
カンパニー
横山典弘　音無秀孝（栗東）
8歳馬がGI連勝。最高のフィナーレで引退レースを飾る。社台SSで種牡馬入り。その後、熊本県の本田土寿牧場でも活躍。

ジャパンカップ
11月29日　東京　芝2400m
ウオッカ
C・ルメール　角居勝彦（栗東）

ルメール騎手に乗り替り、一転して先行策。オウケンブルースリの猛追をハナ差凌ぎ、東京競馬場の古馬芝GI完全制覇の偉業達成。

ジャパンカップダート
12月6日　阪神　ダート1800m
エスポワールシチー
佐藤哲三　安達昭夫（栗東）

前2走で交流GI連勝。マーチSから4連勝で、JRAのGI初勝利。佐藤騎手は、タップダンスシチー以来、5年ぶりのGI勝利。

阪神ジュベナイルフィリーズ
12月13日　阪神　芝1600m
アパパネ
蛯名正義　国枝栄（美浦）

3連勝で、2歳女王の座に。後の大種牡馬キングカメハメハ産駒のGI初勝利は、その父と同じ、金子オーナーの所有馬だった。

朝日杯フューチュリティステークス
12月20日　中山　芝1600m
ローズキングダム
小牧太　橋口弘次朗（栗東）

「バラ一族」からGI馬が誕生。キングカメハメハ産駒は2週連続勝利。同じ種牡馬の産駒が、同一年の2歳GIを連勝するのは初。

有馬記念
12月27日　中山　芝2500m
ドリームジャーニー
池添謙一　池江泰寿（栗東）

ブエナビスタを差し切り勝利。春秋グランプリ制覇は、ディープインパクト以来6頭目。池江調教師も、両グランプリ父子制覇達成。

中山グランドジャンプ　4月18日　中山4250m　スプリングゲント　白浜雄造　野村彰彦（栗東）
中山大障害　12月26日　中山4100m　キングジョイ　西谷誠　増本豊（栗東）

JRA賞

年度代表馬・最優秀4歳以上牝馬　**ウオッカ**
最優秀2歳牡馬　**ローズキングダム**
最優秀2歳牝馬　**アパパネ**
最優秀3歳牡馬　**ロジユニヴァース**
最優秀3歳牝馬　**ブエナビスタ**

最優秀4歳以上牡馬　**ドリームジャーニー**
最優秀短距離馬　**ローレルゲレイロ**
最優秀ダートホース　**エスポワールシチー**
最優秀障害馬　**キングジョイ**
特別賞　**カンパニー**

おわりに

競馬がもっとも熱かった90年代とゼロ年代の20年間を、5年ごとに分けた「伝説の名勝負」。ウマフリさんとタッグを組んで制作した4冊も、この本で最後となりました。

30年ほど、競馬雑誌の編集と執筆に携わってきた私は、多くの書き手や、また読者の皆様からいただいた感想を読むにつれ、思い出すことが多々ありました。

念願の日本ダービー制覇を遂げた名騎手のコース取り。

稀代の逃げ馬、ツインターボのド迫力。

名マイラー、タイキシャトルのスピード能力。

大逃げでジャパンCを制したタップダンスシチーの陶酔感。

派手さのない勝利を続けたテイエムオペラオーの賢さ。

名馬ディープスカイにみる、引退馬の余生。

まだまだ挙げればキリがありませんが、それはさておき、馬券を買ったり予想をしているだけでは見えてこない競馬の奥深さやドラマ性を、この4冊に関わり、改めて感じ入った次第です。

専門紙の予想家や生粋の競馬ファンと酒席を共にすると酔いが回ることもまた、競馬のもつおもしろさだと感じています。

競馬ファンとは「ロマン派」と「ギャンブル派」に分かれます。寺山修司よりも阿佐田哲也に魅了されるギャンブル派の私ですが、今年はソダシの美しさに惹かれてしまいました。21年の秋華賞。ソダシで大勝負に出た私はカップラーメンの日々を過ごすハメになりました。「馬を好きになってはいけない」というギャンブル派のルールを自ら破ったのも、この本のシリーズを制作する過程において、競馬がもつロマンに魅せられたからかもしれません。

馬の生産者、馬に乗る騎手、管理する調教師、運営する主催者、予想家、そして数多くのファン。

競馬とは、数多くの人が携わる、実に奥深い競技です。

私が長らく携わってきた紙媒体は、年々規模が小さくなっています。20年前に10冊以上発行されていた競馬雑誌は今や数えるほどしか残されていません。競馬の予想に欠かせなかった専門紙もコンビニで目にするたび売れ残っています。

競馬雑誌のみならず、あらゆる媒体の雑誌休刊も当たり前の時代となりました。

時代の流れ、といえばそれまでですが、長きにわたり紙媒体を制作してきた私にとって、寂しさを隠せないのも確かであり、この先、紙の業界がもっと狭くなっていくことを覚悟しております。

しかし、そうした紙媒体で4冊もの競馬本を作れたことは、大きな励みとなりました。紙媒体を残していきたい、という思いも強くなってきました。

捨てる紙あれば拾う紙あり。これからも、競馬のおもしろさや奥深さを伝えるべく、紙媒体にしがみつこうと思っております。

最後になりましたが、このような機会を与えてくださった関係者の方々や、インタビューに応じてくださった皆様に謝辞を述べつつ、本書を手に取っていただいた読者の方々に、厚く御礼申し上げます。

「読む競馬」を、これからも楽しんでください。

2021年秋　小川隆行

執筆者紹介（五十音順）

枝林応一　えだばやし・おういち
北海道出身。ステイゴールドを追いかけることで競馬を知り、学び、耐え、泣く。その子を、孫を応援しているうちに気が付けば競馬ファン歴四半世紀。『ウマフリ』に私的名馬の思い出を寄稿。

大嵜直人　おおさき・なおと
文筆家、心理カウンセラー。サラブレッドを通じて世界の美しさを描くことをライフワークにしており、2018年より『ウマフリ』に寄稿を続けている。

緒方きしん　おがた・きしん
1990年北海道生まれ。『ウマフリ』の代表を務める。『netkeiba』、『競馬の天才!』、『SPAIA』などに寄稿。好きな馬はレオダーバンなど。

小川隆行　おがわ・たかゆき
1966年千葉県生まれ。牡55。ライター&編集者。バーテンダーや運送業などを経て競馬雑誌編集者になる。以来年にわたり騎手や調教師、予想家に取材を重ねてきた。

勝木淳　かつき・あつし
競馬ライター。優駿エッセイ賞2016グランプリ受賞。『SPAIA』、『ウマフリ』、『優駿』などに寄稿。Yahoo!ニュース公式コメンテーター。

久保木正則　くぼき・まさのり
1997年日刊競馬新聞社に入社後、1年間の編集部勤務を経て美浦支局へ配属。調教タイムを探りつつ、その動きを見極める日々を送る。グリーンチャンネルパドック解説者。

齋藤翔人　さいとう・とびと
京都府出身。大学卒業後、サラリーマン生活を10年以上送るも、競馬に関わる仕事がしたい気持ちを抑えきれず脱サラ。『ウマフリ』で重賞回顧を連載中。

兎渡谷岳司　とどろく・たけし
山口県出身。水産流通業界紙の記者を経て競馬の世界へ。トレセン取材を中心とした専門紙業務のほか各種媒体にデータも提供している。関東の障害騎手と親交が深い。

並木ポラオ　なみき・ぽらお
馬券とはまた別の競馬の魅力を伝えたい思いから、2019年秋より『ウマフリ』に寄稿。ビッグテーストの走りを観て以来、ジャンプレースにも心酔している。

橋本祐介　はしもと・ゆうすけ
1982年生まれのコピーライター。中学生時代に競馬と出会い、以後ファン歴は25年を超える。コラムサイト『ハシスポ』を運営する傍ら『ウマフリ』にも寄稿。好きな馬はスティルインラブとゴールドシップ。

播磨進次郎　はりま・しんじろう
1981年生まれ。たまたま目にした求人広告を頼りに競馬新聞社にアルバイトとして入社。以降、編集畑を歩む。〝挫折の数だけ強く成れる〟、そう教わったライスシャワーが人生の師。

秀間翔哉　ひでま・さねちか
1997年生まれ。ビワハヤヒデに競馬を学び、デュランダルに心を奪われ、ハルーワソングの牝系を追い続ける1人の競馬ファン。現在は主に『ウマフリ』への寄稿により競馬への思いを語る。

福嶌弘　ふくしま・ひろし
1984年生まれ。小学生の頃に見たスペシャルウィークに惹かれて以来、競馬にのめり込む毎日を過ごすように。バイク・クルマ誌の編集者を経て競馬をメインとしたスポーツ系のライターに。

横山オウキ　よこやま・おうき
フリーライター。『ウマフリ』や『競馬最強の法則』（現在休刊）に寄稿。趣味はPOG、馬券はワイドBOX党、好きな馬はルーラーシップ、アパパネ、ダイワスカーレットなど。

吉川良　よしかわ・まこと
1937年生まれ。作家。78年すばる文学賞受賞。99年『血と知と地』でJRA賞馬事文化賞・ミズノスポーツライター賞受賞。『人生をくれた名馬たち』など著書多数。

林田麟　りんだ・りん
福岡県出身、神戸在住。競馬との出会いはライスシャワーが天に召された宝塚記念。平日は大手通信会社で働きながら、週末は競馬を楽しみ少年野球で汗をかく。『ウマフリ』では名馬記事を寄稿。

和田章郎　わだ・あきお
1961年生まれ。大学卒業後に中央競馬専門誌ケイバブックに入社。「競馬こそ究極のエンターテインメント」がモットー。

競馬《けいば》　伝説《でんせつ》の名勝負《めいしょうぶ》　2005-2009　ゼロ年代後半戦《ねんだいこうはんせん》

二〇二一年一一月二四日　第一刷発行

編著者　小川隆行《おがわたかゆき》＋ウマフリ

発行者　太田克史《おおたかつし》

編集担当　持丸剛《もちまるつよし》

発行所　株式会社星海社
〒一一二-〇〇一三
東京都文京区音羽一-一七-一四　音羽YKビル四階
電　話　〇三-六九〇二-一七三〇
FAX　〇三-六九〇二-一七三一
https://www.seikaisha.co.jp/

発売元　株式会社講談社
〒一一二-八〇〇一
東京都文京区音羽二-一二-二一
(販　売)〇三-五三九五-五八一七
(業　務)〇三-五三九五-三六一五

印刷所　凸版印刷株式会社

製本所　株式会社国宝社

アートディレクター　吉岡秀典《よしおかひでのり》(セプテンバーカウボーイ)

デザイナー　榎本美香《えのもとみか》

フォントディレクター　紺野慎一《こんのしんいち》

校閲　鷗来堂《おうらいどう》

ISBN978-4-06-526154-5
Printed in Japan